知的障害特別支援学校の ICT を活用した授業づくり

監修
金森 克浩

編著
全国特別支援学校知的障害教育校長会

ジアース教育新社

はじめに

全国特別支援学校知的障害教育校長会
会長　村野　一臣

　全国特別支援学校知的障害教育校長会では、全国の先進的な実践をまとめ広く普及させるため出版活動を重視している。平成27年度は、ジアース教育新社から『知的障害特別支援学校の「家庭」指導』を出版し好評を得た。今年度は、全国の学校においてタブレット端末が普及する中で、知的障害特別支援学校のICTを活用した授業を取り上げ、ICT活用の有効性を探るとともに、全国の知的障害特別支援学校小学部から高等部までの実践事例をまとめることとした。

　知的障害特別支援学校の児童生徒の学習においては、適切な教材・教具を選択することが重要である。ICT機器は、児童生徒に応じて視覚的・聴覚的な表現が可能なため、興味・関心がもちやすくなるとともに、コミュニケーションツールとしても活用を工夫することができる有効かつ効果的な教材・教具である。また、合理的配慮の観点からもICT機器の活用や理解が求められている。一方、機器の使いやすさや児童生徒に応じたコンテンツ選択など、知的障害特別支援学校におけるICTの活用や改善事例の普及も重要である。さらに、日常生活でスマートフォンや各種ゲーム機器などICTに慣れ親しむ生活習慣になっているため、児童生徒の発達の段階、経験の程度等に応じた適切な情報教育を行う必要がある。

　今回、全国の特別支援学校に投稿を呼び掛けたところ、多くの事例が寄せられた。推薦していただいた全国の校長に感謝したい。今回掲載させていただいたのは、各教科、領域・教科を合わせた指導、コミュニケーション支援など39事例である。有効な教材・教具として、また、生活の質の向上、さらに職業教育の視点から実践事例として役立つ内容であると確信している。

　本書では、国立特別支援教育総合研究所情報・支援部総括研究員金森克浩先生に監修をお願いするとともに、金森先生と同研究所主任研究員新谷洋介先生には、特別支援教育におけるICT活用について理論編の執筆をお願いし、知的障害特別支援学校におけるICT活用の普及や指導をする上での留意点などの示唆をいただいた。是非、今後のICTを活用した授業づくりの参考にしていただきたい。大変お忙しい中、監修、執筆にご尽力いただいたことに心から感謝したい。

平成28年10月

Contents

はじめに

第1部　理論編
特別支援教育におけるICTの活用
　　　　　国立特別支援教育総合研究所　情報・支援部　総括研究員　金森　克浩
　　　　　　　　　　　　　　　　　　　　　　　　　主任研究員　新谷　洋介　　8

第2部　実践編

■国　　語
1　動作を表す言葉の習得　～電子黒板を使って～
　　　　　　　　　　　　　　　　　和歌山県立たちばな支援学校　18
2　タブレット端末を使用したドリル学習「ものの名前」
　　　　　　　　　　　　　　　　　愛知県立みあい特別支援学校　22
3　「メールを送ろう」～意思伝達装置のスイッチ操作でメールをする～
　　　　　　　　　　　　　　　　　群馬県立高崎特別支援学校　26
4　書字能力向上を目指した取り組み　～名前を自筆するために～
　　　　　　　　　　　　　　　　　青森県立森田養護学校　30
5　「ロイロノート」を活用した、話す聞く力の向上にむけた取り組み
　　　　　　　　　　　　　　　滋賀大学教育学部附属特別支援学校　34

■数　　学
6　タブレット端末を活用した加法の学習
　　　～「Keynote」で作成したフラッシュ型教材を活用して～
　　　　　　　　　　　　　　　　秋田県立支援学校天王みどり学園　38
7　お金の学習ができるアプリを用いた数学の授業
　　　　　　　　　　　　　　　　　東京都立葛飾特別支援学校　42

■美　　術
8　「ライトドローイング　光で描こう」～映像メディア表現～
　　　　　　　　　　　　　　　　　東京都立石神井特別支援学校　46
9　ふしぎな写真をとろう！～ちょっと不思議で楽しめる『体験型アート』写真づくり～
　　　　　　　　　　　　　　　　　熊本県立荒尾支援学校　50
10　「アニメーションを作ろう」
　　　　　　　　　　　　　　　　　東京都立石神井特別支援学校　54
11　コマ撮りアニメーション制作
　　　　　　　　　　　　　　　　　愛知県立みあい特別支援学校　58

■保健体育
12　タップでカウント！ 意欲を高めたランニング
　　　　　　　　　　　　　　東京都立調布特別支援学校　　　62

■職　　業
13　タブレット端末を活用した調べ学習の発表
　　　　　　　　　　　　　　秋田県立支援学校天王みどり学園　66
14　個別モニタを活用した情報モラルの学習
　　　　　　　　　　　　　　神奈川県横浜市立日野中央高等特別支援学校　70

■家　　庭
15　食べることは生きること！
　　　　　　　　　　　　　　静岡県立清水特別支援学校　74

■流通・サービス
16　作業精度を向上させるタブレット端末の活用
　　　　　　　　　　　　　　石川県立明和特別支援学校　78

■総合的な学習の時間
17　わたしたちの住む街、東京を探検しよう！
　　　～「選ぶ」「調べる」「まとめる」「発表する」活動を拡げるICTの利用～
　　　　　　　　　　　　　　東京学芸大学附属特別支援学校　82
18　音の「なんでだろう」を解決しよう！～身近にある音を見つけよう～
　　　　　　　　　　　　　　茨城大学教育学部附属特別支援学校　86
19　人とかかわる"媒介"としてのタブレット端末活用
　　　　　　　　　　　　　　長野県上田養護学校　90

■特別活動
20　子供間の距離を縮めるICTの力
　　　　　　　　　　　　　　東京都杉並区立済美養護学校　94
21　「地震、津波から自分の身を守ろう！安全に避難しよう！」
　　　　　　　　　　　　　　宮崎県立延岡しろやま支援学校　98

■自立活動
22　タブレット端末を使用したSST「気持ちの考え方」
　　　　　　　　　　　　　　愛知県立みあい特別支援学校　104
23　重度重複障害児へのICTを活用したコミュニケーション指導
　　　　　　　　　　　　　　鹿児島県立桜丘養護学校　108
24　携帯情報端末を使用した 自立活動「4色ブロック」の実践
　　　　　　　　　　　　　　愛知県立みあい特別支援学校　112
25　VOCAアプリを用いたコミュニケーション指導
　　　　　　　　　　　　　　東京都立葛飾特別支援学校　116

■日常生活の指導
26　朝の会～「デジタル連絡帳」アプリを使って、繋がろう！語ろう！認め合おう！～
　　　　　　　　　　　　　　京都教育大学附属特別支援学校　120

27　主体的な行動を引き出すことを目指した実践
　　　　　　　　　　　　　　　　　　　青森県立森田養護学校　　124

28　お楽しみタイム「家庭用ゲーム機で体を動かそう！」
　　　　　　　　　　　　　　　　　　　愛知県立半田特別支援学校　128

29　タブレット端末を使用した活動の見通し支援
　　　　　　　　　　　　　　　　　　　愛知県立三好特別支援学校　132

30　発話が困難な生徒のVOCAによる朝の会の進行
　　　　　　　　　　　　　　　　　　　福井県立奥越特別支援学校　136

31　「歯をみがこう」〜ICTを活用した個別・集団での歯みがき指導〜
　　　　　　　　　　　　　　　　　　　岐阜県立東濃特別支援学校　140

■生活単元学習
32　タブレット端末を活用した野菜の観察記録
　　　　　　　　　　　　　　　　　　　石川県立明和特別支援学校　146

33　３Ｄプリンタで作成したオリジナルの型を使ってクッキー作り
　　　　　　　　　　　　　　　　　　　東京都立石神井特別支援学校　150

34　ICTを使用した校外学習事前指導「セントレアへ行こう！」
　　　　　　　　　　　　　　　　　　　愛知県立半田特別支援学校　154

35　思いを伝えよう　〜交流及び共同学習におけるICTの有効活用〜
　　　　　　　　　　　　　　　　　　　福島県立相馬養護学校　　158

36　移動教室に行こう！「プラネタリウムの事前学習」
　　　　　　　　　　　　　　　　　　　東京都杉並区立済美養護学校　164

37　「修学旅行へ行こう！」〜ICTを活用した事前学習〜
　　　　　　　　　　　　　　　　　　　岐阜県立東濃特別支援学校　168

38　ICカードを使ってバスで出かけよう
　　　　〜NFC（近距離無線通信技術）を用いたシミュレーションアプリ〜
　　　　　　　　　　　　　　　　　　　熊本大学教育学部附属特別支援学校　172

■作業学習
39　タブレット端末を活用した振り返り活動の充実
　　　　　　　　　　　　　　　　　　　北海道釧路鶴野支援学校　　176

監修・編集委員・執筆者一覧

　本書では、ICT機器等や「障害」「障がい」などの用語の表記、児童生徒の記載の仕方については、基本的に執筆原稿に基づいています。なお、「自閉症スペクトラム」は「自閉症」で統一しています。

第1部　理論編

特別支援教育における ICT の活用

特別支援教育におけるICTの活用

国立特別支援教育総合研究所　情報・支援部　総括研究員　**金森 克浩**
　　　　　　　　　　　　　　　　　　　　　主任研究員　**新谷 洋介**

　知的障害のある児童生徒に対する指導においてICTの活用はなかなか行われないといわれている。その大きな要因に、具体的な動きを伴う活動など、別の教育活動が求められているといわれることや、ICT機器は理解が難しいといったことが聞かれる。しかし本当にそうなのだろうか？

　本項では、我が国の施策で知的障害のある児童生徒に対するICT活用についての考え方について紹介する中で、何が求められているかを考察する。その上で、国立特別支援教育総合研究所が行ったICT活用に関する全国調査から見られる知的障害特別支援学校の課題を明らかにし、知的障害のある児童生徒の指導においてどのように活用すれば良いかの考察を示す。また、ICTを活用した教育を導入する上での環境整備や情報モラルについて、論述する。

1．国の施策より

　特別支援学校の学習指導要領においては、その総則で「(10) 各教科等の指導に当たっては、児童又は生徒がコンピュータや情報通信ネットワークなどの情報手段に慣れ親しみ、その基本的な操作や情報モラルを身に付け、適切かつ主体的、積極的に活用できるようにするための学習活動を充実するとともに、これらの情報手段に加え、視聴覚教材や教育機器などの教材・教具の適切な活用を図ること。また、児童又は生徒の障害の状態や特性等に即した教材・教具を創意工夫するとともに、学習環境を整え、指導の効果を高めるようにすること。」と書かれている。また、第2章には、知的障害のある児童生徒の指導におけるICTの活用について「児童の知的障害の状態や経験等に応じて、教材・教具や補助用具などを工夫するとともに、コンピュータ等の情報機器などを有効に活用し、指導の効果を高めるようにするものとする。」と述べられており、より効果的な活用が求められている。この学習指導要領に対応して平成22年に出された「教育の情報化に関する手引」には「有用な教材・教具を活用した情報教育の意義」「生活を充実するための情報教育の意義」「職業教育を充実するための情報教育の意義」という3つのポイントを示してい

る。これに続く「教育の情報化ビジョン」においては、「知的障害のある子どもたちについては、使いやすい支援機器や理解の程度に応じたコンテンツの選択を行うことが重要である。」とある。そして、平成24年に中央教育審議会から出された「共生社会の形成に向けたインクルーシブ教育システム構築のための特別支援教育の推進（報告）」では、「情報・コミュニケーション及び教材の配慮」として「知的発達の遅れに応じた分かりやすい指示や教材・教具を提供する。（文字の拡大や読み仮名の付加、話し方の工夫、文の長さの調整、具体的な用語の使用、動作化や視覚化の活用、数量等の理解を促すための絵カードや文字カード、数え棒、パソコンの活用　等）」という例示が示されている。これらから分かることは、合理的配慮としての観点から知的障害のある児童生徒の認知的な困難さを補うための方策としてICTが効果的な道具としてとらえられているといえよう。

（金森　克浩）

2．国立特別支援教育総合研究所の研究より

　さて、上記のように知的障害のある児童生徒にICTを活用することの意義は大きいと考えている。しかし、国立特別支援教育総合研究所が平成26年度～27年度に行った専門研究A「障害のある児童生徒のためのICT活用に関する総合的な研究―学習上の支援機器等教材の活用事例の収集と整理―」で全国の特別支援学校に悉皆でアンケート調査を行ったところでは、実際には十分な活用がされていないことが浮き彫りになっている。

　本調査では、全国の特別支援学校における学習上の支援機器、教材・教具等の保有状況並びに、その活用の現状と課題を把握するため質問紙調査を実施した。質問項目は「Ⅰ　基本情報」、「Ⅱ　校内体制」、「Ⅲ　機器の整備」、「Ⅳ　デジタル教科書の整備」、「Ⅴ　ICT機器の活用状況」、「Ⅵ　研究指定等の状況」であり、2014年8月1日現在の状況について回答を求めた。有効回答は783校、回収率は62.2％であった。

　調査結果では、約90％の学校でICT活用の担当部署が設置されていた（図1）。無線LANの設置率は約60％で、障害種別による違いが見られた（図2）。

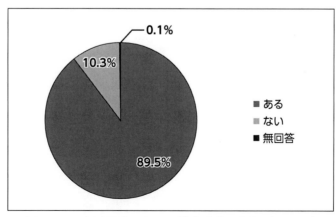

図1　ICTを活用するための校内分掌の有無（n＝783）

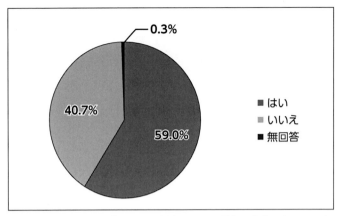

図2 学校内に無線LANに接続できる環境の有無 (n=783)

　また、「ICT活用、支援機器、教材・教具等に関する校内研修について校内研修会を実施していますか。」「学校内に無線LANに接続できる環境はありますか。」という質問をしたところ、障害種別による調査結果からは、知的障害特別支援学校では、校内研修の実施について「実施している」と回答した比率が有意に低くなっていた。また、無線LANに接続できる環境があるかとの問いに「はい」と回答した比率も有意に低くなっていた（表1）。

表1　障害種別の校内研修の実施と無線LAN環境

			ICT活用、支援機器、教材・教具等に関する校内研修について校内研修会を実施していますか。		学校内に無線LANに接続できる環境はありますか。	
			実施している	実施していない	はい	いいえ
障害種別	視覚障害	度数 調整済み残差	37 1.8	8 -1.8	28 0.2	18 -0.2
	聴覚障害	度数 調整済み残差	43 0.0	18 0.0	40 1.1	21 -1.1
	知的障害	度数 調整済み残差	243 -3.4	132 3.4	201 -2.9	173 2.9
	肢体不自由	度数 調整済み残差	86 3.4	15 -3.4	73 2.7	29 -2.7
	病弱	度数 調整済み残差	44 0.5	16 -0.5	33 -0.7	27 0.7
	知的&肢体	度数 調整済み残差	51 -0.3	23 0.3	52 2.0	22 -2.0
	その他	度数 調整済み残差	47 0.5	17 -0.5	35 -0.8	29 0.8
合計		度数	551	229	462	319

一方で、肢体不自由特別支援学校や知的障害と肢体不自由の併置校では、校内研修の実施比率は有意に高く、また、無線LANに接続できる環境の比率は有意に高くなっていた。

これらから知的障害特別支援学校が他の障害種別の特別支援学校に比べて、ICT活用のための支援体制、研修、環境、設備等が十分でないことが明らかになっている。

これらの解決のためには、キーパーソンの育成や研修の実施、ガイドブックの作成、無線LANの設置など、学校内で解決可能な改善を図ることが知的障害特別支援学校のICTの活用を推進するための重要な条件の一つであると考えられる。

（金森 克浩）

3．知的障害特別支援学校でICT活用を広めるには

さて、このような状況の中で知的障害特別支援学校をはじめ、知的障害のある子どもたちの教育現場においてICT活用を積極的に進めるためには、どのようなことが必要だろうか。以下の3つのポイントを提案したい。

（1）普段使いの機器として使う（難しい使い方はしない）

ICT機器の活用というと、どうしても難しく「構えて」しまう。そうならないためには、普段使いの利用方法を考えることが大切である。いきなり子どもの指導に使っては失敗する。タブレット端末など自分自身が試してみて、「これは便利そうだ」という実感があってはじめて子どもの指導に利用できる。できれば個人で購入することをお勧めする。最近はスマートフォンを持っている人も多いので、それから入ってもよいし、ガラパゴス・ケータイなら、スマートフォンに変えるかタブレットを買い足すということで試してみてはどうだろうか。話を聞くのと実際に使うのとでは大きな違いがある。その際には、1つでよいので、学習に使えるソフトを入れることで、使い方について理解が広がるであろう。

（2）オールオアナッシングとは考えない（部分的に使うことから考える）、"いいとこ取り"をする

ICTを使った指導だとどうしても「これを使わないといけない」と考えがちだ。しかし、タブレット端末などが便利な部分と紙が便利な部分とではそれぞれ違いがある。上手に使い分けることが大切である。ICT機器の得意なところはどこなのか、そういったことを見つけてみた方が良いだろう。まずは得意な部分を少しだけ試すことで、成功体験を積み重ねていってはどうだろうか。学ぶということは子どもも大人も同じである。

（3）良い実践事例を真似てみる（支援教材ポータル、「魔法のプロジェクト」など）

では、どう使えば良い実践になるのか。本書はその意味では参考になる。また、インターネット上では、様々な良い実践事例や活用方法が出ている。まずは以下の3つのサイトから情報を入手することをお勧めする。

> ●魔法のプロジェクト（https://maho-prj.org/）
> 　実践事例や活用の動画なども紹介されており豊富な情報が掲載している。
> ●特別支援教育教材ポータルサイト（http://kyozai.nise.go.jp/）
> 　国立特別支援教育総合研究所が文部科学省の事業を受けて運営している教材情報のポータルサイトである。この中で多くの実践事例や教材などが示されている。
> ●kintaのブログ（http://magicaltoybox.org/kinta/）
> 　筆者の個人的なブログであるが、毎日更新して、特別支援教育やICT活用などの情報を提供している。こちらから、関係するサイトへのリンクもあるので、必要な情報を探すときに利用できる。

（金森　克浩）

4．ICTを活用した教育を導入する上での留意点

（1）ICTを活用する上で、学校・教員が留意すべき点

①無線LANの整備

　国立特別支援教育総合研究所が、平成27年に教育委員会を対象に行った調査によると、無線LANが特別支援学校で使用できるかについて、60%が「できる」と回答している。また、無線LANが使用できる場合の留意事項として、97.4%が「校内LAN（教職員ネットワーク）には、接続させない。」と回答している（国立特別支援教育総合研究所2016）。このように、セキュリティを保つ工夫を行うことで、無線LANを整備することが可能となる。

　意図しないスマートフォンやタブレット端末などが無線LANに接続できないように、パスワードをしっかりと設定し管理することが大切である。さらに、無線LANがあることが分かると接続してみたいと興味を持ってしまう恐れがあるので、設定済みの端末機以外から接続できないステルス機能等を利用し、アクセスポイントを見つけられないようにすることも一つの方法である。パスワードを推測してセキュリティのかかっている無線LANアクセスポイントに接続することは、不正アクセス禁止法に抵触する行為である。教員が知っておくとともに、実態に応じて子供へも法律違反となることを伝えることが必要だと考える。

②セキュリティ上の注意点等

　総務省のフューチャースクール推進事業により作成されたガイドラインより、実証校（特別支援学校）が行った情報セキュリティ対策に関する記載を引用し、表2に示す。

　アクセス制限や、遠隔ロック、フィルタリングなどのサービスや機能を利用したものや、ルールの作成などを行い、情報セキュリティ対策を行っている。

表2　実証校が行った情報セキュリティ対策に関する記載

項目	リスク	情報セキュリティ対策
ウイルス感染	無料アプリケーション内にウイルスが混入している恐れがあり、感染する恐れがある。	無料アプリケーションの利用の制限
不正接続・不正侵入・情報漏えい	他人からデータを削除されたり、改ざんされたりする恐れがある。	ファイルサーバー等の共有フォルダのアクセス制限の設定
不正接続・不正侵入・情報漏えい	外部サーバーに重要なデータを置くと、不正侵入されたときに、盗難、改ざん、流出の恐れがある。	校外サーバーのアクセス制限
物理的な対策	校舎に侵入され、タブレットPC等を盗難される恐れがある。	警備会社等による警備の強化
物理的な対策	校外へのタブレットPCの持ち出しの際、タブレットPCを置き忘れる恐れがある。	タブレットPCの現在地確認や、端末管理サービスを利用した遠隔ロックやデータ削除
物理的な対策	校外へのタブレットPCの持ち出しの際、タブレットPCを盗難される恐れがある。	
人的な対策	インターネット活用時、不正なサイトにアクセスしてしまい、ウイルス感染や情報が漏えいする恐れがある。	フィルタリングの実施
人的な対策	ICT機器を使用目的と異なる使い方をされ、情報漏えい等が起こる恐れがある。	ICT機器の利用ルールの作成

（2）ICTを活用する上で、指導上留意すべき点

　授業計画において、ICT機器を利用するのが本当に適切なのかどうか悩むことがある。まずは、他の（従来の）方法で実現可能か考えてみることが大切である。そして、両者の学習目的の達成度はどうか検討してみてはいかがだろうか。学習目的によっては、同じICT機器であっても活用することが適切な場合と不適切な場合があることに気づくと思う。具体物と比較されることがあるように、ICT機器はデジタルな側面がある。学習目的を達成させるためには、どのような方法が適切かを考え、利用することが大切である。

　タブレットPC等のICT機器は、たくさんの機能がある。そのため、意図しない機能を利用してしまう危険性が考えられる。しかし、危険だから使用しないのではなく、安全に利用できるように、意図しない機能を制限する等、設定を見直して、安全に活用できる環境を整えることも大切である。

（新谷　洋介）

5．情報モラルの指導

　情報モラル教育の側面として、4つの側面が考えられる。それは、「道徳的な側面」、「技術的な側面」、「環境的な側面」、「法律的な側面」である。
　以下、それぞれについて解説する。

（1）道徳的な側面

　教育の情報化に関する手引には、次のように記載されており、道徳的な側面については、日常生活におけるモラルの指導と変わることはないと考えられる。

> 　情報モラルは、道徳などで扱われる「日常生活におけるモラル（日常モラル）」が前提となる場合が多く、道徳で指導する「人に温かい心で接し、親切にする」「友達と仲良くし、助け合う」「他の人とのかかわり方を大切にする」「相手への影響を考えて行動する」などは、情報モラル教育においても何ら変わるものではない。
>
> 道徳における指導の内容には、
> 　・主として自分自身に関すること
> 　・主として他の人とのかかわりに関すること
> 　・主として集団や社会とのかかわりに関すること
> などがあるが、情報モラルでは、ネットワークを介してこの「他の人」や「集団や社会」とかかわることとなる。

　例えば、相手の写真を勝手にSNSに公開してしまった子供への指導があった場面で、他人の気持ちの理解が難しく、なぜ指導されているのかに気づかないことが考えられる。このことに対する指導例として、自分と他人の考えが違うことを意識させるように、アンケートを取り、授業を行うことが考えられる。「自分の写真をSNSに掲載することについてどう思うか」と質問し、「よいと思う」「いやだと思う」で回答させる。この結果を見せることで、いろいろな考え方があることを知る機会となる。アンケートの結果を伝えるのが難しい段階であれば、授業中に質問し、挙手させたりすることで、意見が違うことを知る機会となるであろう。

（2）技術的な側面

　機器やインターネットの特性を知ることが大切になる。大きくは、様々な機能が利用できる道具を持ち歩いていること。誰でも情報の発信者になれること。一度発信した情報の取り消しは難しいことの3点があげられる。

　いまはスマートフォン等にカメラが搭載され、気軽に撮影することができるようになった。言葉で伝えられないことを写真を利用して伝えるような手段として活用できる反面、無許可で撮影しトラブルになる危険性がある。

　SNS等を利用することで、不特定多数へ情報を発信することが簡単になった。友達だけが見ていると思い発信していた内容が、全世界へ発信してしまっていることも考えられる。その情報を発信する必要性は本当にあるのか、だれが見ることができるのかを理解した上で利用させることが大切である。

　デジタルの情報は、複製が容易である。そのため、一度発信した内容は、複製され、取り消すことが難しいことも大きな特性である。

（3）環境的な側面

　携帯電話、スマートフォン、携帯ゲーム機などの普及に伴い、子供個人が直接ネットに触れる機会が多くなっていることを意識する必要がある。スマートフォンを持っていないといっても、インターネットやSNSを行うことが可能な携帯ゲーム機もある。ネットに繋がないと思っていても、友達のスマートフォンのテザリング機能や公衆無線LANを利用し、インターネットにアクセスしている可能性がある。インターネットに触れやすい環境になっていることを知っておく必要がある。

（4）法律的な側面

　法令の知識を教員が持ち、必要な場面で示すことが必要である。特に、著作権については、授業において適切に著作物を利用した教材を用いることや、友達が作成した作品は、友達に許諾を取ってから使用させるなど、日常の授業等を通して、著作権について意識させることが大切である。

●文化庁：著作権、最近の法改正等について
　　http://www.bunka.go.jp/seisaku/chosakuken/hokaisei/
●不正アクセス行為の禁止等に関する法律
　　http://law.e-gov.go.jp/htmldata/H11/H11HO128.html

（新谷　洋介）

<引用文献>
国立特別支援教育総合研究所（2016）障害のある児童生徒のためのICT活用に関する総合的な研究―学習上の支援機器等教材の活用事例の収集と整理―
総務省（2014）教育分野におけるICT利活用推進のための情報通信技術面に関するガイドライン（手引書）2014中学校・特別支援学校〜実証事業の成果をふまえて〜
文部科学省（2008）特別支援学校学習指導要領
文部科学省（2010）教育の情報化に関する手引
文部科学省（2011）教育の情報化ビジョン
文部科学省（2012）共生社会の形成に向けたインクルーシブ教育システム構築のための特別支援教育の推進

第2部　実践編

- ■国　　　語
- ■数　　　学
- ■美　　　術
- ■保健体育
- ■職　　　業
- ■家　　　庭
- ■流通・サービス
- ■総合的な学習の時間
- ■特別活動
- ■自立活動
- ■日常生活の指導
- ■生活単元学習
- ■作業学習

第2部　実践編

1　小学部　国語

動作を表す言葉の習得
～電子黒板を使って～

和歌山県立たちばな支援学校　教諭　**太田 鈴乃**

教科・領域名	国語
対象学部・学年	小学部第1学年～第3学年
単元名・題材名	動作を表す言葉（動詞の選択）「たろうくんの1日」

使用機器及びアプリの名称とその特長

電子黒板 (Panasonic TH-P50G1)	・学習する課題を電子黒板に表示することにより、全員で確認することができる。 ・マウスをクリックするのではなく、電子黒板上の選択肢を指で直接選ぶことができ、児童が簡単に操作できる。
PowerPoint (Microsoft)	・PowerPointのハイパーリンク機能を使って、選択された解答に対応した画面を表示することができる。 ・効果音を容易につけることができる。

使用機器及びアプリの選定理由

　電子黒板を使うと、児童が簡単に操作することができる。使用する教材をPowerPointで作成することで、効果音をつけることができ、児童が選択した答えにすぐに反応して正答が効果音とともに表示できる。本グループは知的障害のある5名の児童で構成されている。うち4名が自閉症である。実態として、自分の順番になると意欲的に取り組むが、全体での説明や友達の活動に注目しにくいことが挙げられる。このような実態の児童に対して、注目すべきところが分かりやすく、また、他の児童がどちらを選ぶのか等、友達の活動にも興味を持たせることができるのではないかと考えた。

1．指導の内容

（1）ねらい
　日常生活における動作を表す言葉の意味を理解し、文として適切に表現することができる。

（2）指導期間
　全7時間

（3）人数・学級構成
　知的障害部門小学部1年生1名、2年生3名、3年生1名の計5名で構成されている。うち4名が自閉症を併せ有する学習集団である。日常よく使われる言葉の意味はおおむね理解できていて、会話によるコミュニケーションは可能である。しかし、訊かれたことに名詞などの単語で答えることが多く、生活場面で使う言葉が限られている。また、同じ話題を繰り返したり、自分から一方的に話したりする傾向にある。平仮名は全員が読め、短い文章なら、単語をまとまりとして捉えて読むことができる。また、整った文字ではないが、ほぼ全員が平仮名を書くことができる。

（4）展開

ア．単元計画

〈第1次〉・日常生活の動作を表す言葉（のむ・たべる・あらう・みがく・きる・はく等）を知る
　　　　・イラストを見て、目的語に続く動詞を選択する
　　　　　「○○を△△する」

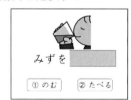 

〈第2次〉・たろうくんの1日の生活を題材にした簡単な文章表現を知る
　　　　・簡単な文章を読んでその様子を表したイラストを選択する
　　　　　「たろうくんは、○○を△△しました」

イ．展開（第2次について）

① 電子黒板に表示された簡単な文章を読む
② その様子を表したイラストを電子黒板上で選択する
③ その動作をジェスチャーで表す
④ ①～③を繰り返す
⑤ プリントでイラストを見て空欄に入る言葉を記入する
　　　（例）　たろうくんは、はを_____ました。

2．指導上の工夫

　授業展開は、前半に電子黒板を使って全体授業とし、後半に個別課題（プリント）を取り入れて児童にとって分かりやすく構成することにより、定着を図れるようにした。
　PowerPointのハイパーリンク機能を使って、選択した答えのスライドにリンクするようにした。答え以外のところをタッチしてしまっても現ページにリンクさせることで次のページに進まないようにした。

〈第1次〉
- 意味のよく似た2つの動詞を比べる。
- 電子黒板上で答えをタッチすると、正解または不正解のスライドにリンクし、正解の場合〇、不正解の場合×が、効果音とともに文が表示されるようにした。
- すぐに結果が分かり、不正解の場合は画面をタッチすると、元の問題のスライドにリンクしてもう一度取り組めるようにした。

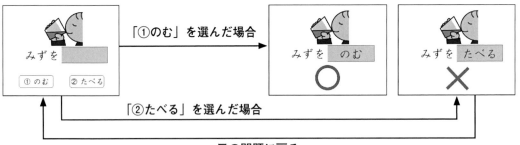

〈第2次〉
- 主語が同じで述語を変えて、基本的な文の型を変えずに繰り返し提示した。
- たろうくんを主人公に文を時系列で提示し、ストーリー仕立てにした。
- 簡単に答えが見つけられないように、児童の実態に合わせて、選択肢としてのイラストの数を設定し、児童の意欲が維持できるようにした。

- 電子黒板上で答えのイラストをタッチすると、正解の場合は、文とともにイラストを大きく表示した。

3．指導の効果

　電子黒板とPowerPointを使うことで、黒板に絵カードや文字カードを提示するよりも、問題の提示や答えの表示がスムーズにでき、テンポよくたくさんの課題に取り組むことができた。また、どこを見たらよいかが分かりやすく、同じパターンのスライドを繰り返すことで、児童が安心して取り組むことができた。
　効果音とともに即座に正解や不正解が表示されるため、楽しみながら学習する様子が見られた。また「友達がどちらを選ぶかな？」と期待感をもって友達の活動を見たり、一緒に考えたりする姿が見られた。
　このように、絵カードや文字カードを黒板に提示することやプリント学習だけを行うよりも、前半に一斉指導として電子黒板を使用したことで児童の学習意欲をより引き出すことができた。そのため、当初の計画よりも早くねらいを達成することができた。また、更衣や給食などの日常生活場面で、「服をきる」や「手をあらう」など、学習した文をその動作とともに言葉に出すようになった児童も多かった。「○○をかいました」や「△△が○○している」など、学習していない動詞に主語をつけて文にしたり話したりすることもあり、生活場面への般化が見られた。

4．今後の課題

（1）実践を通した、児童の変化
　児童が電子黒板を使って楽しみながら学習でき、友達が操作しているところをよく見て一緒に考えたり、答えが合っているかを期待したりして注目できていたことから、児童自身がICT機器を操作することの学習効果の大きさを実感した。

（2）今後の課題
　PowerPointはタブレットPCやiPadでも使用できるため、電子黒板を使った一斉指導だけでなく、個に応じたいろいろなパターンの学習課題を作成して取り組むことも考えられる。

（3）実践の振り返り
　今回は電子黒板やPowerPointを使ったことで一斉指導の効果が上がったと感じた。今後、どのような機器をどのようなねらいや活動の際に使えば効果的か、それぞれの機器の特長を捉え、判断し活用できるよう努めていきたい。

＜引用・参考文献＞
ドロップレット・プロジェクト（2010）『視覚シンボルで楽々コミュニケーション　障害者の暮らしに役立つシンボル1000　CD-ROM付き』エンパワメント研究所

第2部　実践編

2　小学部　国語

タブレット端末を使用したドリル学習「ものの名前」

愛知県立みあい特別支援学校　教諭　**近藤 友樹**

教科・領域名	国語
対象学部・学年	小学部第5学年・第6学年
単元名・題材名	「ものの名前」

使用機器及びアプリの名称とその特長

iPad	Apple社製のタブレット端末。搭載ボタンが少なく、画面に触れた際の反応がなめらかで、さらにアクセシビリティ機能が充実しているため、児童が学習で使用するのに適している。
「Finger Board Pro」 （Semiosis株式会社） 	音声・動画の再生や正誤判定、ドラッグでオブジェクトの移動などの機能があり、間違い探しやマッチングなどの教材が作成できる。

使用機器及びアプリの選定理由

　本実践の対象は、習熟度別学習グループの2番目のグループに在籍している児童A（小学部6年生・知的障害）である。Aは視覚優位の特性があり、これまでも他の授業や休憩時間にタブレット端末を使用していて慣れ親しんでいる。そこで、Aが意欲的に学習に取り組めると考え、タブレット端末を用いてドリル学習を行うことにした。画面に触れたときの反応の良さや、教師が意図しないアプリの使用や操作を制限できる「アクセスガイド」という機能を搭載している点からApple社製のiPadを用いた。また、市販の教材や既存のアプリでは児童の実態に合ったものがなかったため、実態に合わせて教材を作れるアプリ「Finger Board Pro」を使用した。

1．指導の内容

(1) ねらい
絵を見て名称を書いたり、正しく発音したりする。

(2) 指導期間
3か月　週2時間（計10回）

(3) 人数・学級構成
対象：児童A（小学部6年生・知的障害）

(4) 展開
Aは平仮名を読むことができるが、発語が若干不明瞭である。絵を見たり、単語を聞き取って書いたりできるが、音節が多い単語は難しく、「い」と「り」、「ん」と「う」などを間違えることが多い。文字の読み書きに苦手意識をもっており、初めて習う単語や、難しい（文字数の多い）単語を見たり間違えを指摘されたりすると「難しい」「分からない」と言ってやる気をなくしてしまうことが多い。

実践以前に紙媒体の教材で「ものの名前」の学習を行ったが、課題に取り組む際に「難しい」「分からない」といった発言をすることが多く、なかなか学習が定着しなかった。特に教師に間違いを指摘されると消極的な発言が多くなった。そこで、苦手意識が学習への意欲を削ぎ、定着を妨げていると考え、Aが意欲的に一人で学習に取り組めるよう、ドリル教材をアプリ「Finger Borad Pro」（以下、FBP）で作成した。

学習する単語	きりん・いるか・らいおん・えんぴつ だいこん・かたつむり・さつまいも
学習内容	画面下部の平仮名から正しいものを選び、ドラッグして絵の下にある枠に入れていく。平仮名を入れた後に枠をタップすると正誤判定が表示される。平仮名を枠にすべて入れ終えたら、画面右下の矢印を押して次問に進む。すべての問題をやり終えたら教師に報告する。 ヒントとして、絵をタップすると単語が音声で流れる。

写真1　FBPを用いたドリル教材の画面

Aは、毎時間一人でFBPのドリル教材に取り組んだ。そして、授業の終わりに小テスト（絵を見て名称を書く・単語を見て読み上げる）を行い、習熟度の確認をした。

2．指導上の工夫

児童AがFBP以外のアプリを使用したり、誤ってホームボタンや電源ボタンを押してしまったりして学習が止まることを防ぐため、iPadのアクセシビリティ機能の一つである「アクセスガイド」を使用した。また、繰り返し学習するうちに、問題の順番や平仮名の配置で記憶して正しく学習が定着しないことを防ぐため、授業ごとに問題の順番と平仮名の配置や文字の種類を変更した。さらに、絵

写真2　平仮名読み上げアイコンを追加したドリル教材

（写真2の①）をタップすると音声が流れるようにしていたが、それだけでは文字数の多い単語（さつまいも、かたつむり）でとまどっていたので、タップするとその枠に入る平仮名を読み上げるアイコン（写真2の②）を枠の上部に配置した。

3．指導の効果

（1）結果

実践期間の習熟度の変化は表1のとおりである。実践前と比べ、すべての単語で学習が定着した様子が見られた。また、図1のとおり、「読み」は1回目の実践終了後で5問正解、6回目の実践終了時には満点を取っており、「書き」では3回目に5点、8回目に満点と、早い段階で学習が定着した。また、学習中の消極的な発言は、実践前は平均7.1回であったのに対し、実践中は平均0.4回と極めて少なかった。

表1　実践前後の読み書きの変化

学習した単語	読み		書き	
	実践前	実践後	実践前	実践後
きりん	きいん	○	き　いん	○
いるか	○	○	いるた	○
らいおん	おいおう	○	らいおう	○
えんぴつ	えんにつ	○	えんひつ	○
だいこん	じゃいも	○	たいこん	○
かたつむり	てんとうむし	○	無回答	○
さつまいも	おいも	○	無回答	○

（2）考察

今回の実践で先述のような結果が出たのは、まず、Aが自信をもって意欲的に学習に取り組めたことが理由だと考えられる。今回使用したiPadは、他の授業や休憩時間に使用してきた経験から、Aにとって「楽しいもの」である。そのため、ドリル学習にもゲーム感覚で意欲的に取り組めたのではないだろうか。また、教師に間違いを指摘されると自尊心

が傷ついてしまい学習への意欲が削がれてしまうが、機器（iPad）に間違いを指摘されても自尊心が傷つかず、間違いを恐れずに学習に取り組めたのだろう。次に、FBPは問題ごとに正誤判定が表示させられるため、Aはすぐ間違いに気づいてやり直すことができ、正解してから次の問題に進められた。これにより、成功体験を多く積むことができAの自信となり、定着を早めたと考えられる。また、問題を解く際に、1音ずつ音声を聞けるようにしたことが正しい発音や書字につながった。

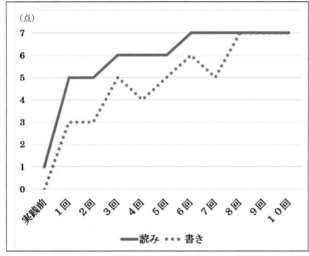

図1　小テストでの正解数の変化

表2　ネガティブな発言の回数

授業	回数
①	2回
②	2回
③	0回
④	0回
⑤	0回
⑥	0回
⑦	0回
⑧	0回
⑨	0回
⑩	0回
実践中平均	0.4回
実践前平均	7.1回

4．今後の課題

今回のAへの実践では、教師と個別に行う指導や紙媒体による教材よりもタブレット端末を用いた教材を使用した指導が有効であった。これはAの特性や実態に合っていたからだと思われる。実は同授業で他児に同様のドリル教材を用いて指導していたが、その児童はタブレット端末でのドリル学習よりも教師と一対一で指導した方が学習の習熟度が高くなった。本実践を通して、ICT機器を使用した教育の可能性の大きさを改めて感じることができたが、同時にICT機器はどんな子供もたちまち伸ばすことのできる魔法の道具ではないということも事実である。今後も児童の実態や特性に配慮し、教材先行ではなく、子供ありきの教育であることを忘れずに努めていきたい。また、「Finger Board Pro」のような有用な教育アプリが増えていくことに大いに期待したい。

第2部　実践編

3　小学部　国語

「メールを送ろう」
～意思伝達装置のスイッチ操作でメールをする～

群馬県立高崎特別支援学校　教諭　**大河原 みのり**

教科・領域名	国語
対象学部・学年	小学部訪問学級第5学年
単元名・題材名	「メールを送ろう」

使用機器及びアプリの名称とその特長

意思伝達装置
「話想（はなそう）」
（企業組合S.R.D）

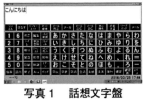

写真1　話想文字盤

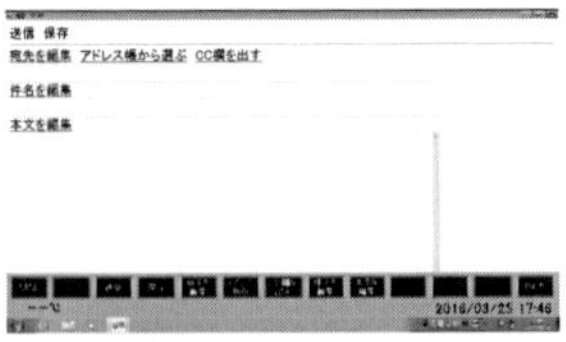

写真2　話想メール

- 児童の視線の先に置かれたタブレット端末上の文字盤を操作して文字を入力できる（写真1）。
- 1つのスイッチを押す動作のみで操作可能。
- 文字盤が点滅するので、入力したい文字が点灯したときにスイッチを押す。
- 発音、漢字変換、予測変換、文字盤の切り替え（平仮名、片仮名、挨拶、体調等）が可能。文字盤の内容や並び順を変更することもできる。
- マウス操作、インターネット、メール（写真2）等もできる。

使用機器及びアプリの選定理由

　対象児童は脊髄性筋萎縮症Ⅰ型による通学の困難のため、訪問教育を受けている。気管切開により人工呼吸器を使用しており、発声はない。身体運動は手足の指先をわずかに動かすことが可能である。コミュニケーションに関しては、意思伝達装置「話想」を用いて4語文程度での要求や報告ができる。まばたきによるYes/Noの意思表示も可能である。生活や学習の様子に関しては、在宅で寝たきりであるが、訪問看護、リハビリ、そして訪問授業など、毎日外部の人間と接触する機会がある。
　「話想」は、対象児童が普段使用している意思伝達装置である。メールの機能があり、通常のコンピュータと比べて操作が容易なため、本実践で使用することとした。

1．指導の内容

（1）ねらい

メールの作成と送受信の方法を身に付けられるようにする。

※学期の達成目標……「話想」を1人で操作し、メールで簡単な挨拶や報告を家族や親しい人に送ったり、届いたメールを読んだりすることができる。

（2）指導期間

4か月間

（3）人数・学級構成

訪問学級のため、児童宅にて一対一で授業を行う（写真3）。

写真3　授業風景

※授業は週に3回、1回120分行う。1回の授業で2～5つの活動を行うため、授業1回における本実践の指導時間は20分間程度であった。指導回数は5回程度であった。

（4）展開

時間	ねらい・学習活動・支援・評価規準
5分	ねらい：メール受信箱の確認方法を身に付けられるようにすること。 学習活動：教師から届いたメールを開き、発音させる。 支援：はじめは教師が選択すべきボタンを差し棒で示す。徐々に支援を減らす。児童が操作を誤った際、自力で元に戻すことが難しい場合は、教師が操作方法を示す。 評価規準：自力で教師からのメールを開き、発音させている。
10分	ねらい：経験したことを、助詞を用いた文で表せるようにすること。 学習活動：返信する文章を作成する。 支援：メールの内容に関しては、教師が2～3個の選択肢を示し、作文の際に児童が選択できるようにする。 評価規準：「～をしました」「～に行きました」等と作文している。
5分	ねらい：メールの送信方法を身に付けられるようにすること。 学習活動：メールを送信する。 支援：はじめは教師が選択すべきボタンを差し棒で示す。徐々に支援を減らす。児童が操作を誤った際、自力で元に戻すことが難しい場合は、教師が操作方法を示す。 評価規準：作成したメールを自力で送信している。

2．指導上の工夫

　指導に入る前に、担任や保護者のメールアドレスをあらかじめ「話想」に設定する必要があった。「話想」は児童が常時使用しており、担任が授業前に設定することができないため、児童に事情を説明し、一時「話想」の使用を中断してもらった。その際に、教師が試しにメールを作成・送信する様子を児童に見せ、操作の見通しがもてるようにした（写真4）。

　作文の際は、まず「何を書きますか」と質問し、「りょうり」「給食」等、児童が答えた事柄に対して「りょうり'を'ですか、'に'ですか」等と質問をしながら、いくつかの言葉を示し、児童が作文できるようにした（写真5）。だんだんと支援を減らし、児童が自ら正しい助詞を用いることができた際は、「'に'が使えてかっこいいね」「とっても分かりやすいよ」等と称賛し、作文への意欲を高めた。その他にも、行事の後に指導を行うことで、行事に関する報告ができるようにしたり、児童が報告した事柄に関連して教師も返信したりすることで、メールで報告することに対する意欲を高めた。

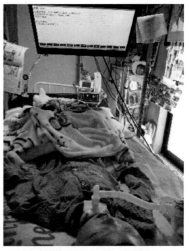
写真4　児童の操作

写真5　言葉の選択肢

　また、指導開始時は設定の不備によってメールの送受信エラーが生じていたが、すぐに「話想」の開発者から設定方法を聞くことができ、指導が開始できた。「話想」のような多くの機能をもつ装置を扱う際は、このように専門家とのパイプを確保しておくことで、円滑な活用が可能になると感じた。

3．指導の効果

　児童にとっての「話想」は、障害のない者にとっての声である。リハビリ時や移動時等、「話想」が操作できない状況にあるとき以外は常に起動している。また、児童は3歳の頃から意思伝達装置を使用しており、「話想」を本格的に使用するようになって3年になる。そのため、「話想」の操作はとてもスムーズである。文字盤の操作以外にも、インターネットを起動して動画や単語を検索したり、教師がデスクトップ上に貼り付けたデータを表示させたり、webカメラで写真撮影をしたりと、活用できる機能がどんどん増えている。そして、そういった操作を児童がすぐに習得し、'やりたい'と意思表示し、授業場面以外でも使用している姿を見ていると、「話想」で活用できる機能が増えることは、児童のコミュニケーションや自発性の広がりに直結すると感じている。さらに、メールの

指導を始める頃、児童はスクーリング時に会う友達や教師のことを気にかけ、担任に質問することが多くなった。ただ、助詞が使えないために担任が児童の意思をくみ取るのが難しい場面もあった（写真6）。

以上の点から、「話想」でメールの学習をすることで、児童が自由に自分の気持ちを伝えたり、その際に必要な表現力が身に付けられると考えた。

写真6　児童が打った文

指導を開始すると、児童は大変意欲的で、自分から「お父さん（にメールを送りたい）」と話したり、自らメールチェックをして担任からのメールを授業の前に開いて母親に見せたりしていた。冬休み中も、児童からメールが届き、担任と何通かメールのやりとりがあった。児童が気持ちを伝える手段の一つとして、メールが機能していると感じた。また、メールの指導場面以外でも助詞を使おうとする様子が見られるようになり、児童がより円滑なコミュニケーションの道具として助詞を習得しつつあると感じた。

4．今後の課題

今後はより多くの相手とメールをしたり、相手からの質問に答えたり、児童から相手に質問をしたりできると、メールでのやりとりが充実していくと考えるので指導を継続していきたい。また、それに伴ってメールのマナーも指導する必要がある。メールをしたい相手に何と言うべきか、どのようなタイミングで送信するべきか（夜中や繰り返しの送信は避けるなど）といったことも、児童と一緒に考えていきたい。

助詞の使用に関しては、日常場面でも助詞を使用するよう指導することは今の段階では児童にとって負担が大きいと思われるため、「メールのときは正しく助詞を使う」と枠づけをしていきたい。

本実践の対象児のような児童にとって、ICT機器は授業に不可欠なものである。担任として、児童が使用している機器の使用方法や、活用の可能性について検討したり、その他の機器に関する知識を身に付け、より効果的な実践につなげていきたいと考えている。

第2部 実践編

4 中学部　国語

書字能力向上を目指した取り組み
～名前を自筆するために～

青森県立森田養護学校　教諭　**工藤 祐樹**

教科・領域名	国語
対象学部・学年	中学部第3学年
単元名・題材名	「手紙を書こう」

使用機器及びアプリの名称とその特長

iPad mini アンドロイド携帯	・起動が速く、軽量・コンパクトで扱いやすい。
①「モジルート」 (Wandering Dolphins)	・文字の1画ごとに、道と乗り物（スタート）と旗（ゴール）が表示されるアプリ ・道をなぞると乗り物が動き、すべての道をなぞり終えると文字がフェードインされて音声が読み上げられる。 ・香川大学教育学部坂井研究室と共同で実証研究
②「筆順 ひらがな」 ③「筆順 漢字」 （富士通株式会社）	・筆順がアニメーションで1画ずつ表示される。アニメーションに加え、線の長さやとめ、はね、はらいなどの特徴が音声にて読み上げられる。 ・タップすることで1画ずつ確認することができる。
④「こどもレター」 (Kouichi INAFUKU)	・手紙作成を目的としたアプリ ・はじめに50音表示されている文字をタッチし、書きたい文字や文章を作成する。次に、作成した文字・文章のお手本をなぞると、最終的に自分の文字のみが浮かび上がり表示される。

※①、④は、iPad miniを使用。②③は、アンドロイド携帯を使用。

使用機器及びアプリの選定理由

　対象生徒は、知的障害に自閉症、ADHDを併せ有する中学部3年生である。読みでは、平仮名、片仮名、小学校2学年程度までの漢字を正しく読むことができる。書字の場面におい

ては、書こうとする文字を正しく読んで内容を理解しているが一人で書くことは難しく、「書いてください」と依頼することが多い。配付物や持ち物に自分の名前を書く場面では、机に伏して黙り込むこともある。

そこで、対象生徒の学習意欲を喚起し、一人で平仮名の書き順や直線、曲線を練習することができるアプリを活用し、自分の名前を自筆することができるよう指導した。

①「モジルート」：文字の形や書き順を意識してなぞり書きをすること、タブレットを活用して主体的な学習に取り組むことをねらった。

②「筆順 ひらがな」・③「筆順 漢字」：音声（文字の特徴）に合わせて、1画ずつ確認しながら視写すること、正確な文字の書き方を覚えることをねらった。

④「こどもレター」：生徒が手紙を出したいというニーズに応じて、自分の文字で、感想文や簡単な作文、手紙を作成することをねらった。

1．指導の内容

(1) ねらい
- 封筒に自分の名前を自筆する。
- 自分で考えた文章をアプリケーションにて入力し、なぞり書きをする。

(2) 指導期間
5か月間　全15時間

(3) 人数・学級構成
中学部3年生1名　中学部1年生1名　　計2名

(4) 活用の実際（平仮名の練習）

アプリ	学習活動	指導の手立て	準備物等／備考
①	1　タブレットの準備及びアプリの起動 2　アプリ上でのなぞり書き 3　文字の視写	・起動するアプリを写真に撮り、視覚情報として提示する。 ・1文字を3回なぞり書きするよう言葉かけをする。一度に提示する文字は4文字とする。 ・9cm×9cmの1マスを1枚ずつ提示する。	・iPad mini ・タッチペン ・プリント ・マジックペン
②③	1　端末の準備及びアプリの起動 2　筆順と音声の視聴 3　アプリを操作したプリントへの視写	・アプリ操作の手順を1枚の用紙にして示す。 ・アニメーションを見るほかに音声を話すよう言葉かけする。 ・9cm×9cmのマスに1画ずつアプリの音声を声に出しながら、書くよう言葉かけする。	・手順表 ・アンドロイド携帯 ・タッチペン ・プリント ・マジックペン

④	1 タブレットの準備及びアプリの起動 2 文章の入力 3 アプリ上での文章のなぞり書き	・アプリの操作の手順を1枚の用紙にして示す。 ・教科書の文章を入力することから始め、アプリに慣れるようにする。 ・操作手順を視覚情報で示す。	・iPad mini ・タッチペン

2．実践の経過

（1）「モジルート」でのなぞり書き

文字の形と書き順を意識できるようにするために活用した。直線や曲線を意識してペンを動かす様子が見られた。また、一人でアプリを起動して文字をなぞる様子が見られた。

端末を活用して、主体的に文字の練習をするという、導入としては効果があった。

「モジルート」を使用している様子

生徒の生活年齢やなぞり書きの様子から、本生徒において「モジルート」を使用しての練習では自筆につながる可能性が低いと感じた。その理由として、本生徒にとって文字の形を意識するまでには至らず、なぞることそのものが目的となっていた。そのため、白紙にペンで文字を書いたときに、ペンを動かせなかったり文字のバランスが取れなかったりすることが見られた。

（2）「筆順 ひらがな」「筆順 漢字」による視写

アプリを操作して視写することを目的として使用した。文字の特徴に合わせて伸ばす長さや留めるタイミングが音声と赤文字で表示されることが生徒に分かりやすく、音声と同じように声に出しながらペンを動かして視写する様子が見られた。

国語の授業以外でも名前を書くときには、自分でアンドロイド携帯を操作してアプリを立ちあげる様子が見られ

「筆順 ひらがな」で視写している様子

た。紙の大きさを問わず、名前を書く枠があれば、一人で書くようになった。

（3）「こどもレター」を活用しての感想文

「家庭に手紙を出したい」と教師に伝えたことをきっかけに、手紙作成のアプリを導入

した。アプリの操作に慣れることを目的として、簡単な単語や3行程度からなる日記を作成することから始めた。文章を一人で考え50音表記で示している文字をタッチして、見本を作成した。その後、なぞり書きをして文章を完成させていた。なぞり終えた後は、自分の字を読み返し、笑顔で話す様子が見られた。

50音の文字をタッチして文章を作成

3．指導の効果（成果）

　全体を通して、タブレット端末を用いたことで学習意欲が喚起され、積極的に文字の練習を行う様子が見られた。本生徒にとって、アプリ「モジルート」を用いたなぞり書きを中心とした指導は、生活年齢や書字の実態から導入として効果的であった。

　アンドロイド携帯のアプリ「筆順 ひらがな」を用いた視写中心の学習では、リズムが好きな本生徒にとって、音声とともに文字の特徴を学習することができ、実際に視写する場合にも、音声模倣しながら言葉とともに文字を書く様子が見られた。本アプリを用いて繰り返し学習した結果、タブレット端末を活用しない時間でも自分の名前を自筆できるようになってきた。また、名前を自筆できるようになったことに加えて、なぞり書きも自分から積極的に行うようになり、「手紙を出したい」という意欲の向上も生まれた。また、書いた文字が相手に認められ、褒められたことで文字を使って相手に何かが伝わるという成功体験をもつことができたと考えられる。このことは、生徒の活動や参加の機会が広がったと捉え、教育活動全体に波及するものになると感じた。

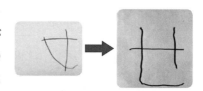

生徒が書いた文字の変化

4．今後の課題

　今後は、文字の練習を継続しながら手紙の作成という生活上の目標にアプローチしていきたい。そのために、「こどもレター」のアプリを様々な場面において積極的に活用していきたいと考えている。

　一方で、名前以外の文字の自筆をどこまで求めるのかという課題も考えられるため、パソコンやタブレット端末等を用いての入力練習も必要であると感じた。指導場面については、自立活動の指導と十分に関連を図り進めていく必要があることを再認識した。

　今後も、本生徒が自ら意欲的にコミュニケーションをするために必要な場面や学習を拡大し、タブレット端末等のコミュニケーションエイドを支援ツールとして活用していくことが必要であると考える。

5 中学部　国語

「ロイロノート」を活用した、
話す聞く力の向上にむけた取り組み

滋賀大学教育学部附属特別支援学校　教諭　**山本 顕典**

教科・領域名	国語
対象学部・学年	中学部全学年
単元名・題材名	「学校紹介をしよう～初めて学校に来る人に、ぼく（わたし）のすきなところを伝えよう～」

使用機器及びアプリの名称とその特長

iPad（1人1台）	・操作が分かりやすいiOSタブレット
AppleTV	・iPadの画面を無線で電子黒板にミラーリングする。
電子黒板（モニターとして利用）	・iPadの画面を学習者が共有するための52型モニター
「ロイロノート」 （株式会社 LoiLo（http://loilo.tv/jp/））	・操作が簡単なiOSのプレゼンテーションソフト ・写真、動画、テキスト、手書きなどのカードを作成できる。 ・カードを線でつなぐだけで並べ替えができ、考えを整理できる。

使用機器及びアプリの選定理由

　本グループの生徒たちは、余暇でiPadを使って好きな動画を見たり、好きなアニメのサイトを検索したりしている生徒もいれば、iPadに興味をもっているがほとんど触れたこともない生徒もいる。学習場面では、視覚的な提示がないと学習に取り組みにくかったり、話を最後まで聞けなかったりする生徒が多い。また、日記を書いたり、発表したりする場面で伝えたいことの整理が難しく、同じことをくり返してしまったり順番がばらばらになってしまったりする生徒もいる。

　このような実態を受けて、「伝えたいことを整理して話す」こと、「聞くときに最後まで集中して聞く」ことをねらいとし、操作が分かりやすく、考えを整理しやすい本アプリを選んだ。

5　中学部　国語

1．指導内容

(1) ねらい
- 学校の好きなところや行事を、知らない人に分かりやすく伝えることができる。
- （話す）伝えたいことを整理して話すことができる。
- （聞く）聞くときに最後まで集中して聞くことができる。

(2) 指導期間
5か月間　全6時間

第1次	「順序よく並べよう〜iPadとロイロノートに慣れよう〜」（1時間）
第2次	「自己紹介をしよう」（1時間）
第3次	「学校の好きなところを紹介しよう」（2時間）
第4次	「学校の行事を紹介しよう」（1時間）
第5次	「相手に合わせて伝えよう」（1時間）

(3) 人数・学級構成
　本グループは、中学部1〜3年生の生徒4名で構成されており、うち3名が自閉症を有している。また、国語科の指導者は1名である。

(4) 展開
　第1次「順序よく並べよう〜iPadとロイロノートに慣れよう〜」（1時間）では、絵本『おおきなかぶ』を読んで、登場人物の出てきた順にアプリ上のカードを並べ替える活動、既習の漢字のカードと正しい読みをつなぐ活動、文節ごとに区切って書かれたカード（例「ぼくは」「今日」「学校で」「おいしい」「給食を」「食べました」）を正しく並べ替える活動などを行った。これらの活動を通して、生徒たちは指でカードをつなぐことによって順番を変えられることや、失敗したカードの捨て方、出来上がった一連のカードを発表する方法に慣れていった（写真1）。

写真1

　第2次「自己紹介をしよう」（1時間）では、自分の好きなことや好きな食べ物を検索し、それらを見せながら自己紹介をする活動を行った。本アプリから検索をし、それをカードとして活用することや、カードを見せながら発表すること、聞くときは、カードが映し出された電子黒板を見て最後まで聞くことをねらいとして取り組ませ、言葉だけの自己紹介とは違い、興味をもって聞くことができていた（写真2）。

　第3次「学校の好きなところを紹介しよう」（2時間）では、生徒たちが普段使っている特別教室や運動

写真2

場など、校内の写真を撮って、それを説明するカード作りと発表を行った。写真を撮って説明を書いていると、「説明と合わないから撮り直したい」、「（運動場で）走っているところを撮ってほしい」と工夫する様子が見られた。また、発表の練習をしているときには、友だちのカードを見て、「この部屋で○○もしたね」や「△△も入れたら」と感想を言い合うことができた（写真3）。

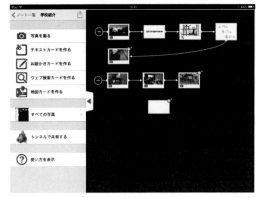

写真3

　第4次「学校の行事を紹介しよう」（1時間）では、教師があらかじめ用意しておいた行事写真を並べ替え、内容を思い出しながら説明を考える活動を行った。一人一人好きだった行事を担当し、説明カードには、日付、場所、やったこと、感想を必ず書くと決めて作っていった。発表するときには、「4月から順番にしたい」という意見が生徒から出てきて、本単元のねらいである「伝えたいことを整理して話す」ことが意識できていることがうかがえた。

　第5次「相手に合わせて伝えよう」（1時間）では、今まで作ってきたカードを整理して、学校見学で初めて本校に来る生徒に向けて自己紹介と学校紹介を行った。生徒たちは今まで準備したカードを使って早く発表したいという気持ちが強かった。しかし、もう一度自分で発表の順番を見直し、この学校に来たいと思えるように紹介をしよう、と伝えた。すると、こだわりで撮っていた駐車場や駐輪場などは「いらないかなぁ」と言いながら削ったり、「（作業学習で）作ったものも見せたい」と作品を撮り直しに行ったり工夫する姿が見られた。

写真4

2．指導上の工夫

　単元設定にあたって、本グループにはiPadの操作に慣れている生徒と不慣れな生徒がいたことから、1時間に多くの新しい機能を説明しないようにした。また、本単元に入る前に、他の教科でもiPadのカメラ機能や、検索機能を使って学習する機会を設定した。そうすることで、本単元で学習するときに、操作や機能に振り回されるのではなく、学習のねらいに迫るための道具として活用できるように心がけた。準備段階では、教師用のiPadの画面を常に電子黒板に映した状態にして、操作の説明を全体に見せながら行えるようにするとともに、発表時には、画面がスムーズに入れ替わるように有線での接続切り替えを行った。また、細かなことだが、文字入力の方法を生徒の実態に合わせて変えておくこと、手書き入力を活用することなども、少しでも普段鉛筆やノートを使う感覚で活用でき

るために心がけた（写真5）。

話すこと聞くことに関しては、教育実習生や学校見学に来ている児童生徒など、発表する相手を明確にすることで、相手を意識してカード作りと発表ができるような場を設定した。

写真5

3．指導の効果

活動の中で、学校の行事を紹介するときに、「4月から順番にしよう」と生徒から声が上がったり、「（学校の施設を）朝から（使う）順番に紹介しよう」など、実際に写真を撮りに行った順番ではなく、伝えたい順番に整理して発表したりすることができた。ノートやプリントでは、消したり書き換えたりするのは大変で、見にくくなってしまうこともある。しかし、本アプリでは、同じ場面の説明のカードをひとまとめにして移動させたり、途中に説明や写真を付け加えたりすることが簡単にでき、また、発表者にも聞く側にとっても見やすくまとめられる。このことが、生徒の考えを整理するという学習に有効だったといえる。

聞く側にとっては、実際の写真を見たり、話されていることが書かれていたりすることで、最後まで集中できていた。また、自己紹介のときには、好きな食べ物として映された写真を見て「僕も好き」と言う場面もあった。そして、回を重ねることで友だちのカードの作り方にも興味をもち、自分と比べたり、真似をしようとしたりする生徒も出てきた。本アプリは、写真だけでなく、手書きの絵や文字、検索したこと、タイプした文字などのカードが作成できる。簡単な発表方法がたくさんあることで、友達の発表にも興味をもち、自分と比べながら見る・聞くといったことが自然とできるようになってきた。

4．今後の課題

時間設定の中で、生徒たちがもっとこだわりたいときに、十分な時間が確保できなかった。しかし、生徒はもっと絵を描きたいと言っているが、教師は説明文を考える学習時間を確保したいなど、生徒たちがこだわりたい部分と学習のねらいとして教師が深めたいところが異なる場合が多い。教師として、ここは考えてほしいというところで時間がとれるような授業の時間配分が必要だと感じた。

機能面では、本校の行事写真は校内サーバーに保存されているため、今回活用したiPadの環境で生徒たちが自由に写真を選べるようにするための準備に工夫が必要だと感じた。また、生徒たちが本アプリで取り組んだデータを簡単に印刷する環境がなかったため、保護者に学習の記録を伝えることが難しかった。

今後は、自己紹介や学習のまとめなど、普段からもカードを作りためておき、自分の変化や発表する相手に合わせてカードを組み替えるなどの活用をしていきたい。

第2部 実践編

6 中学部　数学

タブレット端末を活用した加法の学習
～「Keynote」で作成したフラッシュ型教材を活用して～

秋田県立支援学校天王みどり学園　教諭　**葛西 輝美**

教科・領域名	数学
対象学部・学年	中学部第2学年・第3学年
単元名・題材名	すばやく数えよう

使用機器及びアプリの名称とその特長

iPad	・操作が容易で、画面をタップすることで次々と画面が切り替わる。
「Keynote」 （Apple）	・プレゼンテーションアプリ ・画像や文字などの取り込みが容易にでき、事前の準備が簡単である。 ・生徒たちは直感的に判断、操作ができる。 ・雛形を作成しておけば、生徒の実態に応じて学習の難易度を調整できる。

使用機器及びアプリの選定理由

　本グループの生徒たちは、1桁同士の加法をする際、指折り数える、紙に丸を書いて数えるなどの方法で計算をしていた。この方法でも答えは求められるが、時間がかかり、数え間違いが多いなどの課題がある。これは、加法をする際、一つずつ物を数える「順序数」のパターンが優先していて、「集合数」として数える経験が不足しているためと考える。本生徒たちにとって、0～20程度の数を操作（加える、数える）する場面が日常に多くあり、集合数も認識した上で数量を素早く処理する能力が求められる。

　タブレット端末は、触れると瞬時に画面が切り替わり、端末に対する生徒の関心も高い。これらの利点を盛り込めるアプリ「Keynote」を活用して、集合数を素早く数えられるようになるための指導ができるのではないかと考えた。

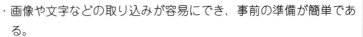
順序数の4

集合数の4

1．指導の内容

本指導は授業のメインで進めたものではなく、授業開始時のウォーミングアップとして行った。授業の前半10分間、タブレット端末を「フラッシュ型教材」*のような形で活用し、日々の繰り返しの中で、学習の定着を図った。

（1）ねらい

- 図1のようなカードの丸（ドット）を直感的に数える。
- 2枚のカードの合計を直感的に数える。

（2）指導期間

総時数27回（27時数のうちの10分）
通年

（3）人数・編成

生徒の実態を考慮して構成された中学部2・3年生の男子3名のグループ。

（4）展開

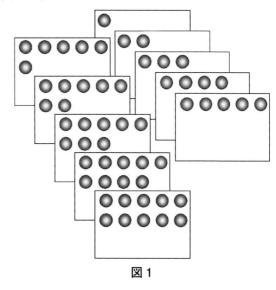

図1

【ステップ1】集合数を数える（3回）

ドットの図のあるカードを1から10まで順番にスライドに貼り付けてプレゼンを作った。生徒はiPadの画面をタップしながら数を順番に数えた。1回目の授業では数字付きで、2回目と3回目は数字を除いていった。生徒たちは1から10まで順番に数えながら、集合数としてドットを認識することができるようになった（図2）。

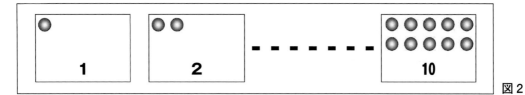

図2

【ステップ2】集合数を素早く数える（5回）

第1期からレベルを上げ、10までの数がランダムに表示されるプレゼンを作成した（図3）。事前に「5」と「10」のカードを教師が示し、ヒントとなるようにしてから、フラッシュ型教材を提示した。その際にはドットを一つずつ数えるのではなく、見たものを直感的に答えることを要求した。

0、5、10を基準にドットの欠けている箇所を手がかりに、直感的に数を答えられるようになった。

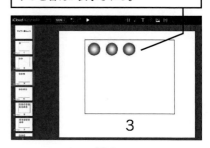

図3

第2部　実践編

【ステップ3】和が5以下のカードの合計を答える（7回）

　ランダムに表示されるドットの数を直感的に答えられるようになった段階を経て、2枚のカードの和を、直感的に答える学習に移行した。最初は1＋1から始め、徐々に数を増やし、和が5以下になる組み合わせをランダムに提示した（写真1）。

　少ない数の組み合わせのため、全員が5までの和を直感的に答えられるようになったが、理解するスピードに差が出てきたことから、次のステップでは生徒個々に課題のレベルを調整して進めた。

写真1　加法の学習

【ステップ4－1】和が5以上のカードの合計を答える（9回）

　ステップアップした課題として、合計が10までの加法の組み合わせの課題を準備した。2名の生徒は、合計が7までの加法が直感的に答えられるようになった。

【ステップ4－2】繰り上がりのある加法へ応用する

　10までの和が素早く答えられるようになった生徒1名は、繰り上がりのある加法の学習も進めた。この学習は、タブレット端末からカードの使用に切り替えた（図4）。

　カードを自由に移動したり重ねたりして、直感的に10になる量に気づき、素早く数えることができた。

＜例：6＋7＝？＞

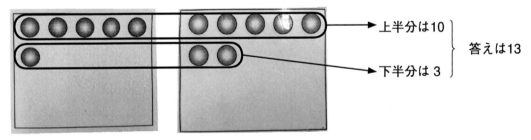

繰り上がりの学習で用いたカードは名刺ぐらいの大きさ。
2枚のカードの組み合わせによって10を直感的に判断し、繰り上がりのある計算に応用できるようになった。

図4

【ステップ５】暗算へ応用する（３回）

　10以上の繰り上がりの加法ができるようになった生徒１名については、カードを使わず口頭で「３＋２は？」等の質問をし、暗算で答える学習を進めた。今まで積み重ねた学習のビジョンが、頭の中でイメージできるようになり、10以下の加法については、タブレット端末やカードがなくても暗算で答えられるようになった。

２．指導の効果

- 生徒自身がタブレット端末をタップし、次の問題や正解に切り替えていくことで、生徒個々のペースで学習を進められた。
- 視覚的な刺激からの情報をスムーズに理解し、一つずつドットを数えていた生徒が瞬時に（集合数として）数を数えられた。
- 生徒によっては、端末がない場合でも、暗算（日常への般化）に結びつけることができた。
- 数え間違いが減った。

一人一台ずつタブレット端末を操作し、フラッシュ型学習教材の問題を解く

３．今後の課題

- タブレット端末を活用することで、生徒の意欲を引き出す意味では有効であったが、直感的に集合数を理解する学習に留まり、確実な指導のステップを踏むことができなかった。端末を操作して、「合わせていくつ？」「10は６と？」といった10以下の数の合成分解についての学習を進め、加法に結びつける過程が必要であった。
- すべての生徒についてカードやタブレット端末がなくても、頭の中でイメージできるようにし、日常生活に生かせるよう継続していく必要がある。
- 「赤い紙を○枚、青い紙を△枚、合わせて？」等、より現実的な状況を見越した計算へ切り替えていきたいと考える。

＊フラッシュ型教材：eTeachers（http://eteachers.jp/）で公開
　授業で使われるフラッシュカードにICTのよさ、手軽さ、便利さが加わったもの。課題を次々に掲示し、解決していくことで、基礎・基本の学力の定着をねらいとするために用いられる教材

7 高等部　数学

お金の学習ができるアプリを用いた数学の授業

東京都立葛飾特別支援学校　主任教諭　**平澤 庄吾**

- **教科・領域名**　数学
- **対象学部・学年**　高等部第1学年
- **単元名・題材名**　「金銭の計算〜買い物学習に向けて〜」

使用機器及びアプリの名称とその特長

iPad	・起動する時間が短く、使いたいときにすぐに使うことができる。 ・タップして操作をするため、直接的で分かりやすい。
「お金の学習」 「お金の学習2」 (Toshinori Tamashiro)	・日本の硬貨6種類を用いたアプリである。 ・「お金の学習」は、指定された金額を出して答えるアプリである。 ・「お金の学習2」は、硬貨の枚数を数えていくらか答えるアプリである。 ・レベル1から11まで用意されており、単一硬貨から複数種類の硬貨まで、細かく対応している。

使用機器及びアプリの選定理由

　学習集団の生徒の「数」についての理解は、具体物を数えて数字と一致させることができる段階、具体物を数唱することができ、数字を読むことができる段階や具体物を一つずつ指差すことができる段階である。加法については、具体物を用いてできる段階や「・(ドット)」を用いてできる段階である。

　同じ学習集団内においても学習の習得状況が幅広いので、個別学習の時間を多く設定する必要がある。そこで一人一人の生徒の学習習得状況に合わせられるように、レベルが細かく設定されている「お金の学習」アプリを選定した。

1．指導の内容

（1）単元の目標
- 6種類の硬貨を弁別し、それぞれの名称を知る。
- 硬貨を数えて、いくらあるか把握する。
- 表示された価格の数字を見て、硬貨で支払うことができる。

（2）指導期間
2か月半　全10単位時間

（3）人数・学級構成
数学の授業において、習熟度別学習を行っている。今回対象の学習集団は7名で構成されていて、指導者は3名である。

（4）展開

時間	学習活動・学習内容
導入 10分	開始の挨拶、出席確認、本時の学習内容の確認、本時の全体目標と個人目標の確認を行う。
展開① 10分	○一斉学習 ・1円玉、5円玉、10円玉、50円玉、100円玉、500円玉の6種類の中から指定された硬貨を答える。 ・生徒は机上にある硬貨を手に取ったり、指を差したりして答える。
展開② 20分	○個別学習 　①1円玉を用いて、指定された金額を出す。 　②10円玉を用いて、指定された金額を出す。 　③100円玉を用いて、指定された金額を出す。 　④複数種類の硬貨を用いて、指定された金額を出す。 ・生徒の学習習得状況に応じて、①〜④の学習活動を行う。 ・硬貨を用いて学習する生徒と「お金の学習」アプリを用いて学習する生徒に分かれる。 ○個別学習で学んだことを振り返る。 ・生徒は学習を一緒に行った教師と個別目標を評価する。
展開③ 5分	○一斉学習 ・指名された生徒が個別学習の成果をみんなの前で発表する。 ・「お金の学習」アプリで学習した生徒は、iPadを大型ディスプレイに映して発表する。
まとめ 5分	全体目標の振り返り、終わりの挨拶を行う。

2．指導上の工夫

金銭の計算をするために使用したアプリは「お金の学習」と「お金の学習2」である。

(1) アプリの使用順

本学習集団の指導においては、「お金の学習2」アプリを用いてから「お金の学習」アプリを用いた。その理由としては、数についての学習をしたときに、対象物を数えてから数字を選択するという学習を繰り返していたためである。また、「お

写真1 「お金の学習」の画面

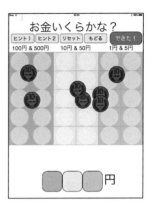

写真2 「お金の学習2」の画面

金の学習2」アプリは1円と5円を置く位置が赤、10円と50円を置く位置が緑、100円と500円を置く位置が紫となっており、視覚的に分かりやすく示されているためである（写真1、写真2）。

(2) 設定上の工夫

iPadで個別学習をしていると生徒がホームボタンに触れてしまったり、勝手に違う画面に移ってしまったりして、そこで学習が中断してしまうことがあった。そこで、iPadの設定→「一般」→「アクセシビリティ」→「アクセスガイド」を選択し、アクセスガイドを設定することで、iPadで使えるアプリを一つだけにして、タップを無効にしたい場所の設定を行った（写真3）。

写真3 「アクセスガイド」

(3) タイマーの利用

個別学習では、「絵カードタイマー」アプリを用いて、現在行っていることと残り時間を示し、活動に対する見通しをもてるようにした（写真4）。

3．指導の効果

「お金の学習」と「お金の学習2」アプリは正解した場合には「せいかい!!」の文字とともに

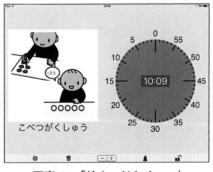

写真4 「絵カードタイマー」

「ピンポン」という音も発せられて、正解したことが分かりやすい。また、不正解の場合には「ブー」という音で知らせてくれるが、「たりないよ!!」「おおいよ!!」とヒントも与

えてくれる。したがって、自分で学習を進めることができる。今回この２つのアプリを用いて学習したのは、「・（ドット）」を用いて加法をすることができる段階の生徒３名であった。最初の授業でアプリの操作を数回行うだけで、一人で学習を進めることができるようになった。

　授業の展開において、個別指導で学習した後に、学習成果をみんなの前で発表する場面を設けた。アプリで学習した生徒たちは大型ディスプレイにiPadの画面を映し出して発表した。そうすることで、個別学習の時間にはどのような学習をしているのか学習集団全員で共有するとともに、発表して「できた」という経験を積むこともでき、学習への意欲や自己肯定感を高めることにもつながった。

　「お金の学習」アプリでの勉強は「実物の硬貨で支払う体験に直結しないのではないか」と心配していたが、財布からお金を取り出して支払う方法を一度示すと上手に硬貨を取り出し、指定された"ちょうどの金額"を支払うことができ、「お金の学習」や「お金の学習２」アプリでの学習が効果的であったと実感できた。

　iPadの設定にあるアクセシビリティ機能の「アクセスガイド」を利用することで、突然画面が切り替わるなどの予期しない動きがなくなったため、生徒は安心して学習に取り組めるようになり、学習に集中することができるようになった。

　また、「絵カードタイマー」アプリを用いることで、「現在の活動が何なのか」や「現在の活動はどのくらい続くのか」ということに対して視覚的にいつも確認でき、見通しをもって学習に臨むことができるようになった。

4．今後の課題

　本学習集団の生徒は、金銭に触れたり、買い物をしたりするという経験はほとんどなかった。本単元の学習を通して、自分の財布を認識して、財布にお金を収納するなど金銭を取り扱う方法を身に付けることができた。そして、商品に対して"ちょうどの金額"を支払うことができるようになった。

　本単元は数学の授業の単元であるため、初歩的な数量の処理や計算に重きをおいた指導にあたり、"ちょうどの金額"の支払いができるようになることを目標とした。ただ、実際の買い物においては、購入金額以上の金額を支払ったり、ICカードで支払ったりする場面が多い。買い物は実際にすることで金銭の適切な扱いが身に付いていくものである。したがって、他教科等と連携したり、移動教室や修学旅行などの機会を利用したり、家庭と連携したりするなど、できるだけ生徒自身が実際の買い物を経験する機会を増やすことが必要である。

第2部　実践編

8　中学部　美術

「ライトドローイング　光で描こう」
～映像メディア表現～

東京都立石神井特別支援学校　教諭　髙橋 真吾
主任教諭　海老沢 穣

教科・領域名	美術
対象学部・学年	中学部第1学年
単元名・題材名	「ライトドローイング　光で描こう」

使用機器及びアプリの名称とその特長

iPad	カメラ機能を利用して撮影し、ディスプレイ画面ですぐに確認ができる。
AppleTV	iPadの画面をワイヤレスでプロジェクターに投影することができる。
プロジェクター	iPad上の画面をプロジェクションでき、映し出すことができる。
LEDライト	軽量で動かしやすい。
「夜空におえかき」（Takaratomy Arts）	iPadのカメラ機能を利用したアプリケーションで、ライトを動かした軌跡がリアルタイムで線になるのを確認でき、ライトドローイングを行うことができる。

使用機器及びアプリの選定理由

　ライトドローイングとは、カメラのシャッターを開放したままライトを動かし、その軌跡を線にすることで写真の中に何かを描く表現方法である。従来は、デジタルカメラなどでシャッタースピードを調整してから撮影を行い、プロジェクターに繋いでプレビュー画面に切り替えなければ、描いた軌跡を線として確認することができなかった。

　しかし、アプリ「夜空におえかき」は、iPadのカメラ機能を利用して撮影を行うことで、ライトを動かした軌跡がリアルタイムで線になることを確認することができる。このことは、空間で動かした光が線になることを予測するのが難しい生徒にとって、確かめながら線を描けるため、有効な機能であると考えアプリを教材として選定した。また、カメラのシャッタースピードもアプリが制御してくれるので、撮影時間を無限に設定すれば半永久的に線を描き続けることができ、時間内に線を描ききることが難しい生徒も自分が思うところまで描き続けることができた。

8　中学部　美術

1．指導の内容

(1) ねらい

①光で描かれた線の美しさ、表現の面白さに関心をもって取り組む。（美術への関心・意欲・態度）

②ライトの軌跡で出来上がる線の形を感じ取りながら描く。（発想や構想の能力）

③ライトを持った手を大きく動かして線を描いたり、道具を使ったりして線を描く。（創造的な技能）

④自分や友達が描いた作品を観ての線の美しさや面白さを感じ取る。（鑑賞の能力）

(2) 指導期間

2コマ100分×8回

(3) 人数・学級構成

重度重複学級3名　知的障害学級2クラス11名　自閉症学級6名　計20名

(4) 展開

	生徒の学習活動	実際の活動の様子
導　入	・PowerPointのスライドを使って本時の説明や参考作品YouTubeに投稿されたライトドローイングで作られたアニメーションなどを見ながらライトドローイングについてのイメージをもち、前回の授業で自分たちが作ったライトドローイングの作品の鑑賞を行う（❶）。 ・ライトを持ち、手を大きく動かす練習を行う。その際、スライド画面を見ながら、表示された点の動きを追いかけ、手や腕の動きのウォーミングアップを行う（❷）。 ・ライトを持ってiPadの前に立ち、身体を動かして作品を制作する手順について知る。	❶ 手がしんかんせんになったよ！ はやくうごかして線をかいてみよう ❷
展開1	・ライトを持ち、撮影するiPadの前に立つ。 ・アプリの撮影開始の音声に合わせて、身体を工夫して動かしながら光の軌跡を表現する。 ・iPadとプロジェクターを接続し、制作過程をスクリーンに投影して、自分が描いている光の軌跡を確認しながら撮影を行う（❸）。	❸
展開2	・音楽に合わせての表現、円・星・顔などの描画、モデルのポーズを光の線でなぞりながら描く制作、バランスボールやフラフープにライトを取り付けての光の表現、自分の描いた絵が拡大コピーされた大きな紙の上をライトでなぞって描く制作、体育館で全員でダイナミックに動きながらの共同制作など、様々な作品づくりに取り組む（❹）。	❹
まとめ	・制作した作品をスクリーンで観賞する。	

2．指導上の工夫

(1) 制作環境の整備

生徒が手や腕を使って大きくライトを動かすことができるように、iPadとプロジェクターを接続し、大きなスクリーン上で自分が描いている光の軌跡を確認できるように機器を配置した（写真1）。またこのことにより、制作の順番を待っている生徒も友達の作品をじっくりと鑑賞することができた。

(2) 様々な道具の作成 （写真2）

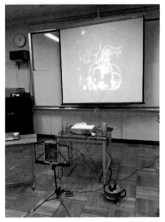

写真1

- ライトを棒の先に取り付け、手の延長となるような動具を作成した。このことにより、線のストロークが伸びてダイナミックな線が描かれるようになった。
- ヘルメットに数個のライトを取り付けて被り、動き回った軌跡が線となるようにすることで、手にライトを持つことが難しい生徒も体の動きでダイナミックな線を描くことができた。
- 長い棒にいくつものライトを取り付け、下から上に持ち上げることで、滝のように流れる線を描くことができた。
- 大きめのボールにライトを取り付けて転がしたり、フラフープに取り付けたりすることで描く線に変化をもたせることができた。

写真2

(3) BGMの導入

撮影時には、音楽に合わせての身体表現を取り入れることで、曲調に合わされたユニークな動きでライトを動かし、描画をすることができた。また、撮影を始めるときに音楽を流すことで、制作にメリハリをつけることができた。

(4) 具体物の描画

撮影中、即興的に具体的な形を描くことは難しかったのだが、あらかじめA4サイズの紙に自分の好きな具体物を描き、約1m×1mの大きさに拡大コピーした下書きを用意した。それらを床に置き、あらかじめ描かれた線をライトでなぞることで具体的な形（魚、動物、文字、記号など）を描くことができた（図1）。

図1

3．指導の効果

ライトドローイングの授業の前の単元では、線の学習として真っすぐな線、ギザギザの線、ぐるぐるの線、新幹線が走る速さのように速く手を動かす線、かたつむりが動くぐらいの速さで手をゆっくり動かして描く線など、様々な線について学習を行ってきた。線を描く前には、スライドをスクリーンに映し出し、点の動きと一緒に手を動かして線をなぞることができる

写真3

ようにした。この単元では、指先や筆に絵具をつけて画用紙に線を描く課題であったが、動きは画用紙内の動きにとどまるものであった。

ところが、このアプリ「夜空におえかき」を使うことで、手の動きが二次元から三次元への動きに変わった。手の動きのみならず、前に歩いて行ったり、後ろに下がったりして、全身を使って描くことができた。そして、描画範囲の制限がなくなったことで、以前よりものびのびと手を動かし、画用紙上では入りきらないくらいにのびのびと大きな描画ができるようになった。さらには、教室の中だけでとどまることなく、体育館でもライトドローイングの撮影を行った。体育館で一人一人がライトを手に持ち、歩いて行進した結果、ライトを持って歩いた一人一人の軌跡がたくさんの線や巨大な円として浮かび上がった（写真3）。

また、紙の上で描画材を用いて描くよりも、光の線が浮かび上がることが、生徒たちの目には新鮮に映ったようで、興味をもち自分の描く線に注目できる生徒も多かった。

4．今後の課題

①空間に光で絵を描くということが、説明だけではよく分からない生徒も多かったが、一度描いた軌跡が線として表れることに驚き、不思議がり、興味をもつ様子が見られた。
②ライトドローイングで描かれた線の写真は、デジタルデータであるため、最終的にそれらをどのような形で美術の作品として残していくのか、どのような形で展示を行うかなど考える必要がある。
③授業を次に繋げていくにあたっては、撮影したライトドローイングの画像を繋ぎ合わせてアニメーションにすることで、映像作品を作る授業を行うことも可能であると考える。

今後もICT機器を活用した授業づくりを行っていくにあたり、アプリや機器を利用するだけにとどまらず、アプリを利用する目的を明確化した上で、生徒に合わせたより活用しやすい環境づくりの工夫や、創造の可能性を広げる道具づくりを大切にしていきたい。そして、子供たちにどうしたら面白く、分かりやすく、興味をもち制作に繋がっていく授業が作れるか、アイデアと機器の利点を合わせた授業研究を行っていきたい。

9 中学部　美術

ふしぎな写真をとろう！
～ちょっと不思議で楽しめる『体験型アート』写真づくり～

熊本県立荒尾支援学校　主事　嶋村　武
教諭　落合　恭子
講師　南條　佳奈

教科・領域名	美術
対象学部・学年	中学部第2学年
単元名・題材名	「ふしぎな写真をとろう」 ～トリックアート写真～

「たまごからこんにちは」

使用機器及びアプリの名称とその特長

iPad mini （カメラ機能）	・撮影の際の操作が簡単で、画面も普通のデジタルカメラに比べ大きく見やすい。 ・タブレットスタンドなどに設置すれば、片手のワンタッチで操作できる。
テレビモニター	・テレビモニターに接続することで、映っている画面を大画面で見られるため、説明の際に、実際に写したり操作したりしながら説明できる。

使用機器及びアプリの選定理由

　本校中学部の2年生の生徒は11名で、うち1名は重度の知的障害、他は中度・軽度の知的障害である。また、その中の4名は自閉症を併せ有している。1名は文字の読み書きはできないが、授業内容や活動の手順は写真やイラストを示したり、実際に一緒にやってみたりすることで理解できる。他の10名は、文字の読み書きができ、日常的な場面での言葉のやりとりで理解できることが多い。一斉授業の指導場面においては、モニターに具体物を写したり動作を写したりして説明することで、よく理解し積極的に授業に取り組むことができる。
　今回使用したiPad miniは、指先だけで簡単に操作できる。また、テレビモニターに接続することで、操作している様子を他の友達と共有することができるため、今回の授業で活用することにした。

1．指導の内容

（1）ねらい
・友達と協力して、経験や想像をもとに計画を立て、役割を分担し、作品をつくることができる。
・互いの作品を鑑賞し、美しさやおもしろさを味わうことができる。

（2）指導期間
全3時間（50分×3回）

（3）人数・学級編成
中学部2年生　11名

（4）展開

	学習活動	指導上の留意点	道具等
導入（一斉指導）	・挨拶をする。 ・学習の流れと学習の目標を確認する。	MT ・適切な挨拶の仕方（姿勢・視線の方向・言葉）を直前に確認する。 ・PowerPointのスライドを使って、学習の内容を説明する。 ・遠近感の特徴について体験しながら説明する。 ・本時の目標を一緒に確認する。	・テレビモニター ・パソコン ・スライド
展開（グループ・個別指導）	・グループに分かれ、ワークシートに、写真の構成を考えて記入する。 ・友達のワークシートを参考にしながら、さらにアイデアを工夫する。 ・撮影する順番と役割を決める。 ・撮影場所に移動し撮影する。	MT、STそれぞれ分かれて支援する。 ・グループで相談しながら、実際に道具を机に並べて、写真の構成を促す。 ・実際に写して見せながら、適宜アドバイスをする。 ・最初は教師と一緒に操作する順次生徒に任せ、適宜アドバイスする。	・iPad mini ・タブレットスタンド ・おもちゃ等
まとめ（一斉指導）	・ワークシートに友達の写真の感想を記入する。 ・自分の感想を発表する。	MT、ST ・生徒の感想を聞きながら、ワークシートに内容を簡潔にまとめるよう適宜支援する。 ・画面の指差し等で感想を伝えられるよう複数提示する。	・テレビモニター ・パソコン ・iPad mini ・AVアダプター

2．指導の工夫

（1）導入

本題材は、前年度から取り組んでいるので、まず前年度の作品や撮影の様子を大きなテレビモニターに写し映像で観た。ふしぎな写真がどのように写されているのか映像で確認することで、生徒たちの興味関心を高めることができた（写真1）。また、テレビモニターにiPad miniを接続した状態で画像撮影アプリを起動し、実際に教師がモデルになって、立つ位置によって小さく見えたり大きく見えたりする様子を確かめた（写真2）。さらに、一人一人iPad miniの画面を見ながら、ボタン操作を確かめたり、画面を通して見える対象物を確認したりした。そうすることで、「遠近感」を実際に体感することができ、本題材の学習を深めることができたと考える。

写真1　前年度の撮影の様子

写真2　モニターで確認

（2）具体物を使ってアイデアを考える

次に、一人ずつどのような写真を撮りたいかアイデアを出し合いアイデアシートに記入した。アイデアは文字で記入したり絵で描いたりしたが、様々な道具やおもちゃを用意し机上に並べてみることで、具体的にイメージできるようにした。自分で撮影したり、学級の友達の写真のモデルになったりする「体験」を通して、さらに作品への関心と創作意欲が高まっていく様子が見られた。

（3）校内コンクールの実施（写真3）

できた作品は、テレビモニターに映しお互いの作品を鑑賞する時間を設けた。作品の感想を述べたり感想を書いたりした後、さらに、評価が見て分かるようにすべての作品を印刷し、作品の下に感想を書いた付箋を貼ったり、シールを貼れるようにした。また、校内の掲示板には「おもしろ写真コンクール」と題して、他学部の児童生徒たちも鑑賞できるように期間を設けて掲示した。生徒たちには事前にコンクールをすることを伝えていたため、どのように撮ったらおもしろい写真になるのかを考えながら試行錯誤する様子も見られた。

写真3　気に入った写真に投票

3．指導の効果

　普段からゲーム機器の操作に慣れている生徒は多く、特にiPad miniは操作もしやすく理解しやすい機器である。しかし、家庭での普段の様子の聞き取りからは写真を撮って楽しむことのできる生徒は限られている。今回、「ふしぎな写真を撮る」というテーマを設けたことで写真を撮る動機付けができた。また、クラスメートと協力しながら一枚の写真を撮影するという場面設定をしたことで、「他の人はどう見るのか？」「他の人はどういう写真をおもしろいと思うのか？」という客観的な視点で自分の写真を考える生徒もいた。画像撮影アプリの実際の操作の仕方や画面を通した対象物の見え方の変化等は、テレビモニターに映しながらその場で撮って見せて説明を加えることができるため、理解しやすく情報が瞬時に共有できるメリットがあった。

　美術の時間は、生徒たちにとっても楽しい時間の一つである。だからこそ"楽しかった"だけで終わらないよう、互いの作品を鑑賞したり自分なりの表出方法で感想を発表したりする活動の展開の仕方が、自然や造形品の美しさに親しみをもつ基礎的な鑑賞力を育むために重要なポイントである。撮影後、作品を展示しコンクールを実施したことは、普段から校内に鑑賞環境を整え、より多くの美術作品に触れる機会の整備につながり、コミュニケーションツールとしての創造活動の楽しさが経験できると考えた。

4．今後の課題

（1）実践を通しての生徒の変化

　クラスメートとの共同作業による一枚の写真撮影の活動は、撮影する人、モデルになる人、指示を出す人などの役割の分担があり、役割を交替しながらそれぞれが自分の写真の撮影を進行する中で自然な生徒同士のやりとりが生まれ、その後の学級活動においてもそれまで以上に生徒同士のかかわり合いが多く見られるようになった。例えば、他の生徒の作品を見て「これやってみたい」「これいいね」などとお互いに学び合う姿が見られたり、その後の宿泊学習においては、見学地での休憩時間に生徒同士で見学地のモニュメントを対象物としてクラスメートとトリック写真を撮って楽しんでいる様子が見られたり、一枚の写真を工夫しながら撮影したりする様子が見られた。

（2）今後の課題

　今回の学習では、テレビモニターに接続して映すことで互いの作品を鑑賞する時間を設けたが、互いのタブレット端末の情報を離れた状態でも連携できるようにすれば、実際に活動しながら互いの進行状況や他者の作品を参考にすることができるため、さらに創意工夫する気持ちを高めることができるのではないかと思われ、今後取り組む際の課題としたい。

第2部　実践編

10　中学部　美術

「アニメーションを作ろう」

東京都立石神井特別支援学校　主任教諭　**海老沢 穣**
教諭　**髙橋 真吾**

- 教科・領域名　美術
- 対象学部・学年　中学部第3学年
- 単元名・題材名　「アニメーションを作ろう」

使用機器及びアプリの名称とその特長

iPad	指での操作を直感的に行い、携帯して撮影・編集・再生ができる。
AppleTV	iPadの画面をワイヤレスでプロジェクターに投影することができる。
プロジェクター	制作した作品を発表し、観賞することができる。
「ストップモーションスタジオ」（CATEATER, LLC）	iPadで撮影・編集・再生をしながら、コマ撮りアニメーションを簡単に作成できる。
「GarageBand」（Apple）	音楽制作アプリ。リズムの作成が指で簡単にできる。
「iMovie」（Apple）	動画編集アプリ。生徒が制作した作品をつなぎ合わせ、一つの作品として編集・作成することができる。

使用機器及びアプリの選定理由

　対象生徒は、中学部3年生の36名である。これまで美術の授業で映像メディアを活用した作品制作（キネカリグラフィー、ライトドローイング等）に取り組んできた。また立体造形の授業で、カラーワイヤーと麻紐を使った立体作品（「ぐるぐるかいじゅう」）を一人一体制作した。ここで、自分たちが制作した立体作品をアニメーションで動かしてみると、とても興味をもって取り組めるのではないかと考え、小集団で1台のiPadを活用し、アプリ「ストップモーションスタジオ」を使用して作品制作に取り組むこととした。また「GarageBand」でリズムを作成する活動に楽しく取り組める生徒がいたため、アニメーションのBGM作りとして取り入れた。AppleTV及び「iMovie」は、授業内容の説明や生徒の作品を上映するために教員が使用した。

10 中学部 美術

1．指導の内容

(1) ねらい
①映像メディアを活用し、描画や造形とは異なった美術の表現の可能性を広げる。
②コマ撮りの原理を理解し、様々な表現を工夫して制作する。
③友達と協力して一つの映像作品に仕上げる体験をする。

(2) 指導期間　2コマ100分×5回

(3) 人数・学級構成　36名を6グループに分けて取り組んだ。
グループ①（2学級9名）、グループ②（1学級6名）、グループ③（1学級6名）、
グループ④（1学級5名）、グループ⑤（1学級5名）、グループ⑥（1学級5名）

(4) 展開

	学習活動	活動の様子
導入	・スライドの説明や参考作品を見ながら、コマ撮りアニメーションの原理についてイメージをもつ。 ・アプリ「ストップモーションスタジオ」「GarageBand」の基本的な使い方について知る。	❶
展開1	・6グループに分かれ、各グループにiPad1台とiPadを固定できる三脚等を準備する。 ・アプリ「ストップモーションスタジオ」で撮影を行う。撮影対象は、以前の美術の授業で制作した立体作品（「ぐるぐるかいじゅう」）を使用する。床のタイル1マスずつ対象を動かしながら撮影を行う。その場で再生しながら撮り進めていく（❶・❷）。 ・慣れてきたら自分たちも出演し、コマ撮りの映像でしか実現できない動き（空中移動、瞬間移動など）を工夫しながら撮影を行い、作品を制作する（❸・❹）。	❷ ❸
展開2	・アプリ「GarageBand」でBGMを作成する。 ・iPadのAirDrop機能＊で6グループの作品を一つのiPadに集約し、アプリ「iMovie」で編集して一つの映像作品として完成させる。 ・学部集会で上映会を行う。	❹
まとめ	・上映会での発表を振り返り、工夫した点、面白かった点等を感想として発表する。	

＊AirDrop機能：写真や動画などを近くにいる友達と無線で共有できる機能。

2．指導上の工夫

①コマ撮りの原理についてイメージをもたせるために、スライドで丁寧に説明を行い、教員の制作した参考作品やNHK「ピタゴラスイッチ」のサイトから「こんなことできません」の動画を紹介した。毎回授業のはじめに様々な参考作品を紹介し、いろいろな動きを工夫して制作すると面白いことを説明した。

②iPadによる撮影の仕方やアプリの使用方法について、実際の操作画面をAppleTVでスクリーンに投影しながら説明を行った。

③アニメーションの制作場面では、まずはじめに教室の床のタイルの上で、立体作品（写真1「ぐるぐるかいじゅう」）を1マスずつ動かして、固定したiPadで1枚ずつ撮影を行い、その都度再生をして確認するようにした。この手順を繰り返すことで、コマ撮りの原理が理解できるようになった生徒が多かった。

写真1

④撮影に集中できるよう、iPadはアクセスガイド機能を使用した。

⑤毎回の授業で、前回制作した全グループの作品を紹介し、イメージやアイデアを共有できるようにした。

⑥立体造形を動かして作品を制作することに慣れたところで、今度は自分たちが出演して作品を制作するようにした。自分や友達が作品に登場することで、とても楽しみながら意欲的に制作が続けられた。各グループで撮影場所も考え、教室の他に廊下や屋上、校庭など、様々な場所で制作に取り組んだ。

⑦中学部3年の3学期に取り組んだ授業であったため、3月の学部集会（「卒業を祝う会」）で上映することを念頭に、在校生へのメッセージ性をこめた作品として完成させることにした。メッセージの内容は国語の時間に各学習グループで考え、メッセージボードを作成して、それをアニメーション作品に盛り込んで制作した。メッセージの内容は、「きゅうしょく・たくさん・たべてね」「ばすのなかは・しずかに・しようね」「うんどうかい・がくはつ**・みにいくよ」「そつぎょうしても・こころは・ひとつ」などであった。

＊＊がくはつ：学習発表会

3．指導の効果

①映像メディアを活用した美術の授業では、描画や造形とは異なる表現の可能性が追求でき、また描画や造形が苦手でも意欲的に取り組める活動を工夫できるよさがある。映像は好きな生徒が多く、自分たちで映像作品が制作でき、またそれを上映して全員で共有できるため、友達と協力しながら表現を工夫し、楽しんで取り組んでいる様子が見られ

た。
②従来の機器でアニメーション作りを行う際は、まずデジタルカメラで撮影し、それをパソコンに取り込んで編集する、という作業が必要であった。この工程だと、撮影と編集・再生過程にタイムラグが生じてしまい、生徒が注意を持続させにくいこと、パソコンへの取り込み・編集は教員が行わないと難しいことなどの点があり、実際の授業では取り組みにくかった。iPadを使用することで、その場で撮影・編集・再生をしながら制作ができるため、とても分かりやすく、生徒が注意を持続しながら取り組むことが可能になった。
③コマ撮りの原理を理解することで、空中移動や瞬間移動など、映像作品ならではの表現を工夫して取り組むことができた（写真2）。毎回授業のはじめに参考作品や他グループの制作した作品を観賞することで、自分たちの作品のアイデアや手法について考える機会をもつことができ、その後の作品制作にも反映させることができていた。
④自分たちが出演し、それぞれのグループがメッセージ性をこめた作品を制作したことで、卒業に向けて学年の仲間意識を高めることができた。完成した作品を学部集会

写真2

で上映すると、在校生が非常に集中して観賞し、楽しんでいる様子が見られたため、制作した3年生の生徒たちも手応えを感じることができていた。

4．今後の課題

①日常テレビなどで見慣れているアニメーションの原理を理解し、自分たちで協力しながらオリジナルのアニメーションを制作する活動は、生徒たちが興味をもち、意欲的に取り組める点が多かった。またアニメーションならではの表現や手法に触れ、実際に体験的に学習することで、描画や造形とは異なる表現を工夫して取り組むことができた。
②今回は3年生の卒業間近の時期に取り組んだため、アイデアや表現にじっくりと時間をかけて工夫することが難しかった。さらに継続して活動に取り組むことで、様々な表現を追求していける可能性があると考えられる。
③コマ撮りアニメーションを作成するアプリは、今回使用した「ストップモーションスタジオ」の他にも、「KOMA KOMA」（Trigger Device Co., Ltd）など、さらにシンプルなインターフェイスのアプリも登場してきている。生徒にとってどのようなアプリが使いやすく、また効果的に授業のねらいを達成できるか今後も検討を続けたい。また、映像メディアを活用した美術の授業はまだ実践例が少ないが、テクノロジーの進歩により、様々な映像表現が可能になってきている。今後も新しい機器やアプリの活用を試行しながら、映像メディアを活用した表現の新たな可能性について追求していきたいと考えている。

第2部　実践編

11 高等部　美術

コマ撮りアニメーション制作

愛知県立みあい特別支援学校　教諭　**河合 健太郎**

教科・領域名	美術
対象学部・学年	高等部第1学年
単元名・題材名	コマ撮りアニメーション制作（映像）

使用機器及びアプリの名称とその特長

iPad （カメラ、動画機能）	・操作が簡単で、直感的に操作できる。
Apple TV	・iPadとテレビを無線で接続できる。
「ストップモーションスタジオ」（Cateater）	・操作方法が簡単で、撮影した映像を確認しながら制作が進められる。 ・基本ツールは無料である。
大型テレビ	・アプリの操作画面を大きく映すことができる。

使用機器及びアプリの選定理由

　美術の授業におけるタブレット端末を使用した効果的な授業づくりを目指した。平成26年度は、就学奨励費で高等部1年生の生徒に一人1台のタブレット端末を整備した。タブレット端末は生徒にとって身近なものとなり、興味・関心は高い。そこで、タブレット端末のアプリ「ストップモーションスタジオ」で、簡単なコマ撮りアニメーション制作を行った。一人1台のタブレット端末を使用し、必要物（被写体）を自分で用意して各自ストーリーを考えながら制作を進めた。タブレット端末の操作方法、コマ撮りアニメーションの仕組み、制作の流れを理解することを目標として行った。

11　高等部　美術

1．指導の内容

（1）ねらい
　本題を扱うきっかけとしては、生徒に一人１台のタブレット端末が整備されたことが大きい。タブレット端末が整備されたとき、最初にタブレット端末のタップやピンチなど基本的な操作方法を学習し、その中でカメラ機能の使い方も学習した。タブレット端末によるカメラ撮影では、多くの生徒が夢中になり関心をもっている様子が見られた。美術の授業における、タブレット端末を一人一人が活用した授業展開を考えていた中で、アニメーションをはじめとした映像作品への興味・関心の高さから、比較的制作の仕組みが理解しやすく、制作過程をその場で確認しながら制作を進められるコマ撮りアニメーションを題材として取り上げた。

　本題材のねらいとして、以下の項目を設定した。
　・タブレット端末のアプリを使った操作方法を覚える。
　・コマ撮りアニメーションの仕組み、制作の流れを理解する。
　・被写体となる必要物を自分で用意して、ストーリーを考えながら制作を進める。

（2）指導期間　＜全７時間＞

	時数	学習内容
1	1	コマ撮りアニメーションの仕組みを知る
2	1	簡単なコマ撮りアニメを撮る
3	1	ストーリーを考え、必要物を（被写体や背景）を用意する
4	3	１分程度のコマ撮りアニメを制作する
5	1	鑑賞

（3）人数・学級構成
　高等部第１学年には、通常の学級37名の生徒が在籍している。美術の授業は、基本的に習熟度別グループに分かれた授業を行っており、本題材では通常の学級の在籍生徒を２グループに分けたうち、習熟度の高いグループ22名を対象に授業を行った。

（4）展開
　導入として大型テレビにタブレット端末のアプリの操作画面を映し、操作方法や制作のポイントを説明しながら、教師が実際に簡単なコマ撮りアニメーションをその場で制作した。最初はコマ撮りアニメーションの仕組みを理解するための練習として、教師が用意した動物や恐竜のミニチュアフィギュアやいろいろな形の消しゴムなどの小物を被写体として用い、20秒（100フレーム）程度の短い映像作品の制作を行った。タブレット端末を操作しながら制作を進めていく中で、多くの生徒がタブレット端末の操作方法、コマ撮りアニメーションの仕組み、制作の流れを理解して意欲的に活動を進めていくことができた。

仕組みや制作の流れを理解できたところで、本制作として自分で簡単なストーリーを考えること、被写体を用意すること、1分（300フレーム）程度のアニメーションを制作することを目的とした制作を行った。中には被写体を大きく動かして撮影を進めてしまい、アニメーションの動きがぎこちなくなってしまう生徒もいたが、その場で被写体を少しずつ動かしながら撮影していくことを実際に見せて伝え、ポイントをその場で確認しながら進めた。また、被写体を机上に置き、そのまま撮影しただけでは周囲の不必要な背景が映ってしまうため、ストーリーに合わせて自分で描いた背景を用意し、撮影環境を工夫しながら制作を進めた。本題材で扱った「ストップモーションスタジオ」は、声や効果音を入れることもでき、本制作では制作したアニメーションに合わせて、自分の声で効果音やせりふ、ナレーションを入れて完成度を高めることができた。

手描きの背景に好きなフィギュアをセッティングして撮影をしている様子

2．指導上の工夫

　グループ内の生徒の実態は幅広く、教師の言葉による説明を聞いて内容を理解できる生徒、教師の言葉による説明と板書による視覚情報を合わせて内容を理解できる生徒、個別の言葉かけによる説明が必要な生徒がいた。コマ撮りアニメーション制作を初めて行う生徒がほとんどであったため、大型テレビにタブレット端末を繋ぎ、タブレット端末やアプリの操作画面を映しながら、一つ一つ操作方法を確認して授業を進めた。教師が制作した簡単な作品を見せるだけではなく、その場で実際にポイントを説明しながら、被写体を撮影する→被写体を少し動かす→被写体を撮影するという、コマ撮りアニメーションの制作を言葉、視覚情報、具体的な手順を示して説明したことで、基本的な制作の流れはほとんどの生徒が理解できた様子であった。

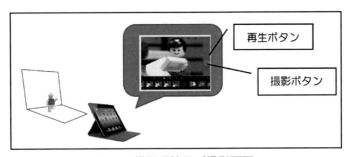

図1　撮影環境及び撮影画面

3．指導の効果

　美術の授業以外で写真や動画を撮ることはあったが、美術におけるタブレット端末の使用は本題材が初めてであり、生徒にはタブレット端末を美術の授業で使うことへの期待感や関心の高さがうかがえた。タブレット端末自体への興味・関心の高さは当初から感じられたが、タブレット端末を使った作品制作は生徒の想像力と期待感を膨らませるのに実に有効であった。「コマ撮りアニメ」という言葉を知っている生徒も多くいたが、教師が制作した見本作品を見て、コマ撮りアニメーションの具体的なイメージや仕組み、制作の流れが理解でき、一気に関心が高まる様子が感じられた。

　タブレット端末によるコマ撮りアニメーションを制作するためのアプリとして、本題材で扱った「ストップモーションスタジオ」以外にも、同じような機能をもつアプリはいくつか存在する。「ストップモーションスタジオ」を使用したメリットとしては、基本的な機能が無料であること、操作画面がシンプルかつ直感的で分かりやすいことがあげられる。

　一人1台のタブレット端末が整備されたことで、生徒一人一人が自分で制作を進められたことは大きな有利点であったが、同時にアプリの操作方法を説明する上で、大型テレビにタブレット端末を接続して説明できる環境が整っていたことが非常に有効であった。

4．今後の課題

　タブレット端末を使った授業は、これまでになく生徒の興味・関心を引き出して学習意欲を引き上げることができ、自由な発想で主体的に取り組む姿が見られた。特別支援学校の美術にタブレット端末を導入することの有効性として以下のことがあげられる。

　気が散りやすく、集中できない生徒がタブレット端末の画面に集中できたり、興味・関心のせまい生徒が、タブレット端末の画面上で表現される色や音、動きに興味を示し、直感的な操作方法からくる分かりやすさに夢中になったりすることができた。あくまでもタブレット端末は鉛筆や筆の代替としてのツールの一つであるが、手で描くことや絵の具を用いた彩色など、美術への苦手意識をもっている生徒にとっては苦手意識を払拭でき、どんな生徒でも楽しんで取り組める魅力的なツールであると強く感じた。タブレット端末を使うことを主目的とするのではなく、タブレット端末を表現方法の一つとして扱うことで、いっそう表現方法の幅が広がった。

　今後の課題としては、タブレット端末のさらなる普及、ならびに大型テレビとの接続をスムーズに行うための周辺機器の整備が必要である。

　今後、タブレット端末等のICT機器はさらに身近な存在となり、広く普及していくことが予想される。生徒にとって、タブレット端末の活用が当たり前になりつつある今、美術の授業においてもこれまでの常識にとらわれず、身近であり、斬新かつ意欲を引き出せる魅力的なツール、題材を研究、発掘して有効的に用いた授業展開を実践していきたい。

第2部 実践編

12 中学部　保健体育

タップでカウント！
意欲を高めたランニング

東京都立調布特別支援学校　教諭　**加藤 一恵**

教科・領域名	保健体育
対象学部・学年	中学部全学年
単元名・題材名	ランニング

使用機器及びアプリの名称とその特長

iPad	・操作が容易で、起動が速い。
課題学習支援アプリ「いくつできるかな？」 (NATSUKI TAKAYAMA) 	・教員と電気通信大学大学院生との共同開発教材 ・自分の名前、顔のイメージイラストの部分をタップすることで回数をカウントできる。 ・個別の目標数の設定が可能で、目標数に達すると王冠のイラストと効果音で知らせてくれる。 ・制限時間のタイマー設定も可能

使用機器及びアプリの選定理由

　本校中学部では、毎朝ランニングや体操などに取り組んでいる。しかし、ランニングについては、淡々と走り続けられる生徒もいるものの、多くの生徒が少し疲れたり飽きたりするとすぐに歩いてしまう実態があった。そこで、自ら周回数をカウントし、数を意識することで意欲を高めることはできないかと考えた。タブレット機器のアプリにそのようなものがあれば、手軽で、毎朝使用することにも負担は少ないと考え、本校教員と、隣接する電気通信大学の学生との共同教材作成の機会を活用し、課題学習支援アプリ「いくつできるかな？」を開発した。
※本アプリは、App storeで無料ダウンロードできます。

1．指導の内容

（1）ねらい

　本校では、体力づくりのため、毎朝ランニングや体操、ストレッチなどに取り組んでいる。このランニングの時間が、より充実したものとなることを期待し、「いくつできるかな」というアプリを開発し、活用した。

　このアプリを活用することの主なねらいは、周回数を意識させること、目標数に達したことを知らせることで達成感をもてるようにすることである。

（2）指導期間

　毎日15分（※本アプリを活用しての指導）

（3）人数・学級構成

　朝の運動は、中学部3学年が、体育館、校庭、屋上の3か所に分かれ、1か月ごとにローテーションする形を基本として行っている。1学年の人数は、概ね20人前後、4～5学級である。

（4）展開

　本アプリは、実施前に次のことを行っておく必要がある。

①授業名の設定

　これは、教員用の「せってい」画面で行うことができる。他の授業用のものと区別しやすいように、添えるイラストを選択できるようにした。

写真1　最初の画面

②生徒の設定

　名前が入力できる他、文字が得意でない生徒にも活用できるように、顔のイメージイラストが設定できるようにした。また、最大6名分の登録ができるが、地の色を6色に塗り分け、色でも認識しやすいようにしてある。

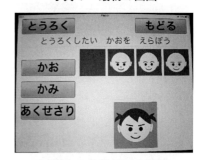

写真2　生徒が顔を登録

　また、目標数を設定すると、目標数に達したときに効果音が流れ、顔のイメージイラストの頭上に王冠が輝くようにした。

　これらの設定は、生徒自らが行うことを想定したつくりにしてある。

③その他

　タイマー機能を使用したい場合は、制限時間を設定しておく必要がある。

写真3　生徒が名前を登録

以上の準備が済んでいれば、毎朝のランニングのときにやることは、タブレット端末を持ち運ぶことだけである。生徒は、1周走るごとに自分の場所をタップし、何周走れたのか、目標数に達したのかを確認していく。

2．指導上の工夫

写真4　生徒が目標数を設定

　本アプリを開発した平成25年度当時、筆者は中学部3年の担任であった。本アプリの使用効果はてき面に表れ、多くの生徒が意欲的に走れるようになったため、他クラス、また、ランニング以外での使用も試みることとなった。そのような中で、改善したほうが良いという意見が出てきたいくつかの点について、共同開発者にフィードバックし、改善していただいた。

　まず、同じ学級のメンバーで、ランニングの他、個別学習のプリントの数のカウントにも使用したい、という意見が出され、一度登録したメンバーは、コピーして他の授業用にも使用できるようにした。

　また、学級によって、生徒名の文字が大きい方が良い、顔のイラストはいらないなど、体裁に対する希望も分かれたため、3種類のパターンから選べるようにした。

　使用する際には、ベンチに置いておくようにしたが、タップしやすくするため、手持ちの文具などを活用して角度をつけて置く担任もいた。また、生徒によっては、担任が手で持った方がうまく活用できる場合もあった。

　平成25年度には、学年の体育科の教員の発案で、本アプリを活用したイベントも行った。晩秋には、10周走るごとに1枚シールを貼り、決められた期間内に貼ることができたシールの数で表彰を行い、さらに意欲が増した。また、年度末には一定時間内に走れた周数を競う持久走大会も行った。数という客観的な裏付けがありながらも、伸び幅を加味しての努力賞も出され、多くの生徒が皆の前で評価される体験をした。

写真5　結果画面

写真6　画面アップ

3．指導の効果

　本アプリを活用することで、多くの生徒が使用前よりも意欲的に走れるようになった。数がよく理解できる生徒たちは、自分の目標数を意識してペースが落ちないように走るようになった。また、数の大小が分からなくても、画面に「王冠」が出ることを期待して走る姿もあった。さらに言えば、「タブレット機器にタップする」という特別な感じが嬉しい、という感覚で熱心に走れるようになった生徒たちも少なからずいたようだ。いずれにしても、これらの変化は、生徒の自発性を引き出したことによるものと言える。

　ランニングでの使用が定着したところで、教室で毎日行っていた腹筋運動に本アプリを使用するようにした生徒がいた。この生徒は、腹筋運動は自分で行うことができるが、腹筋運動を行いながら数を数えることはできず、支援を必要としていた。しかし、本アプリを活用するようになってからは、すべて自分で自信をもって行うことができるようになった。

　また、教員の側から言うと、個々の生徒がどれだけ走れているかが簡単に分かるようになり、根拠のある評価ができるようになった。さらに、先に述べてきたような数を生かした指導もさほどの労力なく行えるようになった。

4．今後の課題

　平成25年度のアプリ開発当時に使用していた生徒たちは既に卒業しているが、筆者がこの原稿を執筆している平成27年度現在も、後輩たちが継続して活用している。中学部全学年の、使用効果が見込まれる学級、または生徒に対して使用しているという現状である。教材開発には手間と時間がかかるが、十分に成果を感じられるアプリだと考えている。

　多くの生徒の意欲を引き出したアプリであると考えているが、本格的なトレーニングのために有効であるかどうかは疑問がある。1周走るごとに速度を落としてタブレット機器にタップすることが、体を鍛えるという目的のために良いのかどうか、ということは教材開発当時から体育科の教員からは指摘されていた。

　しかし、「いくつできるかな」が、生徒全体の底上げに一役買ったことは間違いない。本校体育科では、原稿執筆現在も、学年を越えたグループ分けでのランニングを行ったり、新しいストレッチのプログラムの開発を行ったりと、様々な試みを続けている。本アプリが、今後もよりよい体づくりのために工夫を重ねていく中の一つの手段となれば良いと考えている。

第2部　実践編

13　高等部　職業

タブレット端末を活用した調べ学習の発表

秋田県立支援学校天王みどり学園　教諭　**樋渡 峻**

教科・領域名	職業
対象学部・学年	高等部全学年
単元名・題材名	将来の生活〜暮らすために必要な力〜

使用機器及びアプリの名称とその特長

iPad （カメラ、動画機能）	・撮影してきた動画や画像を使い、簡単にプレゼンテーションの作成ができる。
Keynote（Apple）	・PowerPointと同様の機能を持つプレゼンテーションアプリ。画面をタップすることで画面が切り替わる。 ・文字入力時はローマ字、仮名打ち双方が可能で、文字サイズの変更も簡単である。 ・iPadで撮った画像やイラストなどの取り込みが容易にでき、タブレット端末1台で編集が可能のため、使用方法を覚えると生徒でもプレゼンテーションが作成できる。

使用機器及びアプリの選定理由

　本学習集団では、これまで、調べ学習などで得た情報を模造紙にまとめる形式で発表していた。しかし、発表時には場面緘黙や自信がもてずに声が小さい生徒に関しては、活躍する場の設定や、意欲を高めることに課題があった。

　発表の内容をタブレット端末の「Keynote」で作成することで、調べ学習時の写真撮影、プレゼンテーション発表時や制作時のタブレット端末の操作など、課題がある生徒の活躍の場が増え、学習意欲が高まると考える。

　また、特別支援学校学習指導要領解説総則等編（高等部）職業科の内容には、「１段階（７）職場で使われる機械やコンピュータ等の情報機器などの簡単な操作をする。」とある。高等部卒業後に使用する機会が増加することが予想されるタブレット端末の利用機会を通じて、情報機器の使用に慣れることが期待される。

1．指導の内容

（1）ねらい
- 卒業後の暮らしについて知識を深め、自己選択する力を養う。
- 暮らすために必要な力（時間・金銭・身の回りの管理）を知り、自己実現に向けた取り組みを考える。

（2）指導期間
総時数15時間（15時間のうち、10時間をプレゼンテーション準備、発表に設定）

（3）人数・構成
- 高等部1～3年生の20名のグループ
- 2グループ（グループホーム・一人暮らし）に分かれて調べ学習を行った。

（4）展開
①調べ学習（校外学習）：4時間
- 質問者やメモ、撮影などの役割分担をグループ内で事前に決定しておくことで、見学や質問をすることができた。また、質問内容を生徒同士で共通理解していたことから、内容に合った画像をタブレット端末で撮影できた。校外学習に向け、バス時刻や当日の天気などもタブレット端末を利用して情報収集した。

一人暮らしの職員のアパートを訪問

②調べた内容をまとめ、プレゼンテーションの構成を考える：4時間
- 事前にタブレット端末の使用方法を全員で確認したことで、情報機器の使用方法について理解を深めることができた。
- プレゼンテーションを作成する前に、黒板やノートを使用し、伝えたい内容の構成を考えるように設定したことで、相手に必要な情報が伝わるプレゼンテーションを作成できた。

第 2 部　実践編

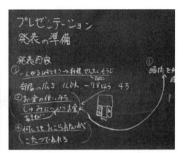

プレゼンの内容を検討中

プレゼンのチェック　　　　　　　　実際のプレゼン画面

- 「プレゼンテーションの作成」と「発表原稿作成」の2つのグループに分かれたことで、より役割を明確にして活動を進めることができた。また、大型画面と繋いで、プレゼンテーションの内容を生徒同士で確認しながら作成を進めることで、内容に合った発表原稿を作成することができた。

③**発表練習・発表**：2時間
- 今までの発表時に活躍する機会が少なかった生徒を中心に、機器の設置やタブレット端末の操作を担当に設定することで、活躍の場を増やすことができた。発表時、口頭で発表する場面では、発表する担当とタブレット端末操作をする担当との連携を密にすることを、指導、支援したことで、生徒同士で目配りをするなど、新たなる関わりが生まれた。

みんなの前で発表

2．指導上の工夫

- 調べてきたことを具体的に思い出せるように、タブレット端末で撮影してきた画像や動画を見直す時間を設ける。その中で気づいたこと、伝えたいことなど意見を出し、黒板やノートに書き留める。
- 発表内容の基本線を固めることができるよう、グループのメンバーで書き留めた内容を見て「どれを伝えるべきか」話し合う場を設ける。
- 生徒全員が発表に参加できるように、発表に自信のない生徒でも、「このセリフだったら、言えるのでは」ということを教師がアドバイスし、生徒たちと発表の段取りを検討しながらプレゼンを作る。
- 発表内容が相手に伝わるよう、「この画像がほしい」「この一文があればいい」など教師がプレゼンをより良くするためのアドバイスをする。

3．指導の効果

- 声が小さい生徒も、画像や文字情報と併用することで「伝わる発表」ができるようになった。
- タブレット端末を操作する機会を設けたことで、生徒の能力や課題を確認することができた。
- 以前はプレゼンテーションを操作するのは教師という印象だったが、生徒自身が作成する機会を設けたことで、学習意欲を高めることができた。
- プレゼンテーションを作成したことで、相手に伝わる発表を行うとともに、調べた内容を項目ごとにまとめることができた。

4．今後の課題

- タブレット端末の基本的な使用方法を全員で確認したが、プレゼンテーション作成時に操作するのは、ごく少数になってしまったことから、発表グループを少人数に設定し、一人一人が操作する機会を設ける必要があった。
- 校外学習時のバス時刻や当日の天気などの検索については一部の生徒が行ったが、より実生活に沿った指導を行うためには、学習グループ全体で検索方法の確認を行う必要があった。

第2部 実践編

14 高等部　職業・情報

個別モニタを活用した情報モラルの学習

神奈川県横浜市立日野中央高等特別支援学校　教諭　**大堀 明子**

教科・領域名	職業・情報
対象学部・学年	高等部第3学年
単元名・題材名	「情報モラルをプレゼンしよう」

使用機器及びアプリの名称とその特長

PC、ノートPC	・プレゼンテーション用の資料を作成する作業に向いている。
モニタ（教員のPC画面を映し出す。各机に1台。以下、教員モニタとする）	・教員のPC画面がそれぞれの机上のモニタで共有でき、どの座席に座っていても、平等に情報を提供できる。 ・全体指導に向いている。
「ネット社会の歩き方」（動画教材）（日本教育情報化振興会）	・ネット社会のルールやマナーをテーマとした学習ユニット教材がダウンロードして使用できる。
Microsoft PowerPoint2010	・プレゼンテーション用の資料を比較容易に作成できる。
スクリーン、プロジェクタ、レーザーポインタ	・プレゼンテーション時に使用 ・大画面にスライドを映すことができる。

使用機器及びアプリの選定理由

　本校は軽度の知的障害のある生徒が、卒業後の就労を目的とする高等部単独校である。スマートフォンやインターネットの普及に伴い、本校でもメールやSNS（ソーシャル・ネットワーキング・システム）に関するトラブルが増えている。イメージがわきやすいよう、情報モラルに関する動画を教材として選定した。

　授業は16名程度の学習グループに対し、教員2名で指導している。各机上にある教員モニタを活用して、操作の説明等を行い、教室後方の生徒にも平等に情報提供できるようにしている。また、サーバー上に生徒の作成したファイルを保存し、生徒の学習状況を教員が把握しやすくしている。

　プロジェクタ等を使用して発表することにより、生徒たちの発表に対する興味や意欲がわくようにした。

手前のノートPC（生徒用）、
奥のモニタ（教員用）

1．指導の内容

（1）ねらい
- PowerPointの基本的な操作ができるようになる。
- 肖像権、個人情報の扱い方、インターネットへの情報発信のマナー等の情報モラルを理解する。
- 見やすさ、分かりやすさを意識して、スライドの作成・発表ができる。

（2）指導期間
3か月（計14回）ただし、生徒の実習の都合により個々の授業回数は異なる。

（3）人数・学級構成
高等部3年生　約16名（2学級合同）

（4）展開

段階	学習内容	指導のポイント・教材
1次 （2時間）	・インターネットや個人情報の扱い方を理解する。 ・作成したスライドを使って、発表することを知り、作成への目的意識をもつ。	<教材> 「ネット社会の歩き方」 ①肖像権 ②個人情報の扱い ③インターネット上での悪口 ④出会い系サイトの危険性 ・動画の解説や問いかけをしながら、生徒の思考を促す。 ・作成見本のプレゼンテーションを提示し、生徒の興味・関心、作成の意欲を引き出す。
2次 （11時間）	・4つのテーマの中から1つを選択し、見やすく、分かりやすいスライドを作成する。 ・発表するための説明原稿を考える。	・教員モニタにスケジュールを示し、学習に見通しをもてるようにする。 ・スライドの構成、フォントの色、大きさ、アニメーションが、見やすさや分かりやすさにつながっているかを問いかけ、意識づける。 ・スライドに盛り込むべき内容と発表の際に口頭で説明すればよい内容を区別したり、図やアニメーションを活用したりすることにより、文章の羅列にならぬよう、注意を促す。
3次 （3時間）	・作成したスライドを分かりやすく発表する。	・教員が例を見せ、発表する際には、声の大きさ、トーン、スピード、顔の向きに注意することの必要性への気づきを促す。 ・発表後には発表者が工夫したことや苦労したことを発表する。 ・ワークシートにそれぞれの発表のよさを記入・集計し、後日発表者にフィードバックする。

2．指導上の工夫

　生徒の興味・関心を引き出すために、情報モラルに関する動画を教材として活用した。プリントに要点をまとめ、スライドを作成するときの資料にできるようにした。

　集団内において、パソコン技能面での能力差だけでなく、内容の理解度や構成を考える上での能力差も大きいため、見本となるスライドを提示した。スライドと併せて、発表用原稿も作成することにより、スライドに盛り込むべき内容と、発表の際に口頭で補足すればよい内容を区別できるようにした。

　作成の手順や単元計画を生徒たちに提示し、作成の目的意識及び見通しをもてるようにした。また、教員が提示する手順や単元計画を説明するためのスライドは、1枚当たりの情報量を減らしたり、アニメーションを活用したりして、着目するポイントが分かりやすくなるようにした。背景を黒、文字を白に設定し、見る力の弱い生徒の負担を減らすようにした。

授業全景

授業中の生徒の様子

3．指導の効果

　効果は大きく4つに分けられる。1つ目は、テーマを絞ったことにより、操作の定着を図ることができた。十分に時間をとって指導したことで、パソコン技能に不安を覚える生徒も時間内にスライドを作成することができ、自信につながった。

　2つ目は、情報の扱い方についての意識が高まったことである。これまで、遠い世界で起こって

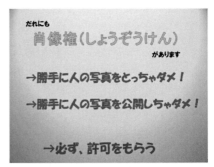

作成見本として生徒に提示した
プレゼンテーションの1ページ

いるように感じていたトラブルが、実は自分の身近なところで起こっている問題なのだと気づくことができた。動画に解説や問いかけを加えたことにより、理解が深まったと考えられる。

　3つ目は、他者の立場に立ち、見やすさ、分かりやすさを意識しようとしていたことである。これまでも操作に慣れることを目的に、自己紹介など簡単なプレゼンテーションを作成してきた。しかし、発表のためにスライドを作成することは、生徒たちにとって初め

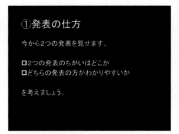
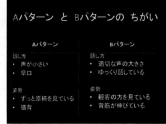

発表の注意点を考えるスライド

ての活動であった。最初は、自分の好きな色、フォント、アニメーションを活用する生徒が多かった。そこで、遠くから離れてスライドを眺めるよう促したり、隣の席の生徒に意見をもらったりした。加えて、教員モニタを利用して、背景とフォントの色、種類によって見やすさが変わることや、図とキーワードを活用すれば分かりやすいスライドになることを一斉指導した。結果として、相手の立場に立つことの大切さに気づくことができた。

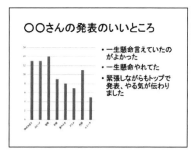

発表のフィードバック

4つ目は、発表を通して生徒の自信がついたことである。自分の作成したスライドが映し出された大きなスクリーンの前に立ち、レーザーポインタと身振り手振りを活用した発表は生徒たちの大きな自信につながった。

4．今後の課題

今回の実践では、概ねの生徒がパソコン技能面において、単元のねらいを達成したと思われる。また、今までは意識していなかった情報モラルについて、目が向いたことは大きな成果であると考える。しかしながら、2つの課題が残る。

1つ目は、人権の意識を高め、今回学習した情報モラルの大切さを日常生活に生かしていくことである。これは、職業・情報だけでなく、学校の教育課程全般で指導していく必要がある。

2つ目は、生徒の考えや作成イメージを大切にすることである。教員用の見本を提示し、スライド作成の一助となるようにしたが、構成を考えることが難しい生徒も見受けられた。教員も、生徒がどのようなプレゼンテーションを作成しようとしているのかが分からず、生徒の考えや作成イメージを尊重することが難しかった面があった。今後は、スライドの設計図を作り、設計図を基にスライドを作成するよう促すことで、生徒の考えや作成のイメージを尊重した指導ができると考える。

第 2 部　実践編

15　高等部　家庭

食べることは生きること！

静岡県立清水特別支援学校　教諭　**加納 稚子**

教科・領域名	家庭・食事への関心と調理
対象学部・学年	高等部第 1 学年
単元名・題材名	バランスのとれた食事を考えよう・食の大切さと学ぶ目的 ～元気な一日は朝食から～

使用機器及びアプリの名称とその特長

PC	・生徒がDVDの再生、操作などを容易に行うことができる。
プロジェクター	・手軽に大画面で映像を見ることができる。
iPad（タッチペン）、 「MetaMoJi Note」 （株式会社 MetaMoJi）	・操作が簡単で紙とペンのように自由自在に文字や図を描くことができる。 ・ペンの種類（蛍光ペン、万年筆、筆、カリグラフィーペン）が豊富で、レーザーポインタ機能が搭載されている。 ・自由自在な拡大縮小ができる。 ・PDFの読み込みが可能で、PDFに手書きで書き込みができる。 ・録音機能を使えば、写真や文章に録音を付け加えることができる。
DVD「食育の時間」 （日本マクドナルド）	・DVDに収録されているアニメやゲームで楽しみながら学ぶことができる。

使用機器及びアプリの選定理由

　対象生徒は、知的障害のある高等部 1 年生の10名である。

　言葉の理解、机上での学習ができる集団であるが、プリントにまとめたり、一方的に説明を受ける授業では、集中力が続かない生徒もいるため、DVDのアニメを見て、イメージをもたせて考えさせたり、実際に生徒にPCを操作させてゲームをしながら学んだりする活動を授業に取り入れている。

　また、「MetaMoJi Note」は、生徒でも簡単に操作できる直感的なアプリなので、実際に書き込みをしてもらい、大画面に映しながら発表できるという点でも優れている。

1．指導の内容

（1）ねらい

　高校卒業後は、ほとんどの生徒が就労を目指しているため、衣食住において自立が求められている。これまで学んできた「衣」に次ぐ第2弾の「食」では、日ごろ何気なく食べている食事に焦点を当てる。

　導入の第1回目では、最も身近な「朝食」をテーマにすることで、自分の食生活や生活習慣、なぜ食事が大切なのか、何のために勉強するのかを考えるきっかけとし、最後の授業では、栄養バランスを考えた献立を考え、自分の力で調理ができることをねらいとしている。

（2）指導期間　90分×7時間

時間	指導内容	準備物
1（本時）	食の大切さと学ぶ目的 〜元気な一日は朝食から〜	DVD
2	栄養バランスと栄養素	DVD
3	五大栄養素　栄養素の相互作用	
4	栄養バランスを考えた献立を考えよう	
5	プロに学ぶ 学校栄養士と一緒に自分で立てた献立を考える	栄養素色分けお盆シートと献立カード
6	衛生管理と食の安全を考える	手洗いチェッカーセット
7	調理実習と振り返り	調理器具等

※1〜6はPC、プロジェクタ、iPad、DVDを使用。

（3）人数・学級構成

　高等部1年生　10名。知的障害、自閉症、ADHDの生徒で構成されたグループ

（4）展開

学習の流れ	活動	生徒の動き
導入	・食事に関するアンケート（7問） ・生徒が記入したものをiPadで写真に撮り、プロジェクタで映し、生徒はそれを見ながら発表する。	・選択肢の中から選び○をつける（一部記述）。発表する。
展開	・全体を通じてiPad（MetaMoJi Note）にタッチペンで書き込みながら授業を進めていく。 ・DVDの再生ではパソコン画面を、ノート書き込み時はiPadの画面をプロジェクタで映しながら進めていく（プロジェクタは常時使用）。	・DVDを見て、自分の意見をまとめる。発表する。 ・朝ごはんとブドウ糖の関係についてDVDを見て考える。
まとめ	・書き込みをしてきたノート（iPad「MetaMoJi Note」）をプロジェクタに映しながら振り返りまとめを行う。	・自分の生活を振り返り、今後の生活を考える。

2．指導上の工夫

- DVDの中で、大切なところ（朝ごはんを食べないとぼーっとしてしまうのはなぜか）では、DVDを一時停止して記入する時間を設ける。
- 作成したプリントは、「MetaMoJi Note」を使い、iPadに取り込む。
- 「MetaMoJi Note」は紙に書くことと同じ感覚でタッチペンを使い、教師、生徒が書き込みながら授業を進める。
- 授業のまとめでは、書き込んだノートをプロジェクタに映しながら振り返りをする。（大事なところを拡大したり、書き込んだノートを大画面で確認したりできる）
- 自分で考えてプリントを記入する時間、DVDを見てみんなで考える時間、自分自身の食事や生活について考える時間、自分の意見を発表する時間を設け、生徒一人一人が参加する授業づくりをする。

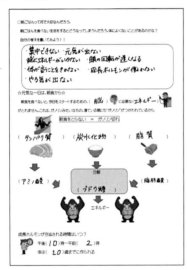
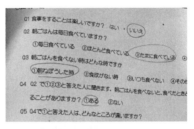

DVD「食育の時間」
（日本マクドナルド）

3．指導の効果

(1) iPadについて

　iPadは、プロジェクターと接続して、大画面で生徒たちに見せたり、ビデオ機能を使い生徒のプリントを映し実物投影機として使ったりすることができる。発表の際、自分のプリントを見ていると下を向いてしまうが、ホワイトボードに移された自分のプリントを見ながら発表することで、顔をあげて発表することができた。

(2)「MetaMoJi Note」について

- Wordで作成した文書をPDF形式で保存することで、形式を崩さずにiPadで開くことができる。生徒はホワイトボードに自分のプリントと同じものが映し出されるので、見たままを記入できる。
- ピンチアウト、ピンチインで簡単に特定部分のみの拡大縮小ができるため、大切なと

ころに注目させたいときや、難しい漢字があるときなどに役立つ。
・タッチペンを使うことで、手書きのノートと同じ感覚で書き込みやラインマーカーを引くことができる。また、マーカーで線を引いてしまうと、いつまでも一点に集中してしまう生徒がいるが、レーザーポイントの機能を使うことで、そのときのみ大切なところに注目させることができた。

(3) 食育DVDについて

　板書と説明だけでは、集中力が続かなかったり理解が難しかったりする生徒も、DVDのアニメを見ることでイメージができ、次はどうなるのだろうと興味をもって授業に取り組むことができた。しかし、DVDの内容が小中学生を対象としているため、生徒の実態に応じて使用する部分や場面を考えないと内容的に物足りない生徒が出てしまうことがある。

(4) パソコン、iPadの操作について

　日ごろから、ICT機器を扱うことに慣れている生徒には、実際にパソコンでDVDの操作（再生、一時停止、ゲーム操作など）やiPadにタッチペンで入力するようにしたことで生徒が授業に参加していることを実感でき、見ていた生徒も自分も前に出てやってみたいという意欲を引き出すことができた。

4．今後の課題

　ICTを活用した授業では、教材作りにかける時間、使用する機器やアプリ、ICT機器をどの場面で使用するのかがポイントになると思う。

　インターネットにある動画や既成のDVDを活用することは、生徒にとって身近な話題を取り上げているものも多く効果が期待できる。しかし、大量にあふれている情報のすべてが正しいとは限らないこと、対象の生徒の実態や課題にあったものを見つける必要があることを考えると、使用する教材を比較選択する作業は非常に慎重に行う必要がある。

　今回の授業では、iPadやDVDなどの視覚的イメージを媒介した授業を構成することで分かりやすく栄養素について学ぶという点において有効であったと思う。調理実習のメニューを考えた際には、「副菜にはもう少し緑の食材（ほうれん草など）を入れた方がいい」「油を使わないでゆでた方がいい」などと自分たちで考えられるようになった。また、給食のメニューにも興味を示す生徒が増え、調理方法や食材について話をしたり、「しいたけが苦手だけど、食べるよ」と言ったりする姿も見られるようになった。

　今後の授業においても、ICTを活用することが目的となるのではなく、授業のねらいと生徒の実態を踏まえた上で、ICT、実物の教材や手作りの教材などを場面に応じて使い分けができるようにしていきたい。

＜引用・参考文献＞
日本マクドナルド（2015）『食育の時間』製作：NPO法人企業教育研究会・株式会社NHKエデュケーショナル

第2部　実践編

16 高等部　流通・サービス

作業精度を向上させる
タブレット端末の活用

石川県立明和特別支援学校　教諭　**前川 哲昭**

教科・領域名	流通・サービス（ビルクリーニング）
対象学部・学年	知的障害教育部門高等部普通科産業技術コース　全学年
単元名・題材名	教室のワックスがけ

使用機器及びアプリの名称とその特長

iPad mini （カメラ、写真機能）	・iPad miniは作業学習で使用しているポーチに収納でき、携帯性にすぐれている。 ・カメラで作業前に荷物の配置を撮影し、作業後に写真で確認をすることにより、作業の正確性を高めることができる。
iBooks（Apple）	・PCで作成した手順書もPDFファイルに変換し取り込むことで、手順が分からなくなったときに随時確認することができる。

使用機器及びアプリの選定理由

　本校の知的障害教育部門普通科産業技術コース、ビルクリーニンググループは、企業就労100％を目指す生徒9名の学習集団である。卒業後の生活で様々な情報機器に対応するためのICT機器を活用した学習を行い、情報機器の取り扱いや情報の取捨選択、発信等の情報活用能力を高める学習に取り組んでいる。

　企業就労を目指す生徒にとって、職業的自立の可能性を広げるためには積極的に新しい情報機器の使い方に慣れることが求められる。そのためには授業の中に生徒自身が様々な情報機器を活用する機会を設定することが有効である。清掃作業においても、タブレット端末のカメラや写真の機能を活用することで、正確に作業をすることや自分の仕事に責任感をもち、主体的な行動を導き出すことができると考えた。

16 高等部　流通・サービス

１．指導の内容

（１）ねらい
・ICT機器を使用し、荷物の正しい位置を判断する。
・正確さと作業スピードを考えて作業する。

（２）指導期間
２か月間　全36時間

（３）人数・学級構成
９名（産業技術コース　１年生４名、２年生３名、３年生２名）

（４）展開

ビルクリーニングでは、ポリッシャーやバキューム等、本格的な清掃機械を使用したワックスがけを作業の中心として行っている（写真１）。

ワックスがけの作業はきれいに仕上げることが重要であり、そのためには、下処理で汚れが落ちているか、ワックス塗布の仕上がりが良いかどうかを自分で判断して作業を進める必要がある。また、作業終了の時間が決められているため、作業効率や作業スピードを意識できる力が必要となる。工程の理

写真１　教室のワックスがけ

解、判断する力、効率と作業スピードの両立、これらを同時にできるようになることを目指し活動に取り組んでいる。

作業の流れは、用具の準備に始まり、教室の荷物の搬出、下処理作業、ワックスがけ、用具の洗浄・片付け、教室の荷物の搬入等である。下処理作業、ワックスがけの作業では用具を使う上でのスキルが求められるが、荷物の搬出や搬入作業ではスキルよりも状況を判断する力が求められる。この点で生徒の困難さの軽減を目指し、iPad miniを活用することを考えた。

搬出前に教室内のすべての荷物をカメラで撮影する。これにより、どこにどの荷物があったかを正確に記録することができる（写真２）。

ワックスがけ後の搬入では、撮影した写真を確認することで正確な位置に戻すことができ、作業の正確性を意識し活動することができる（写真３）。

写真２　荷物の撮影

写真３　配置場所の確認

2．指導上の工夫

1年生は初めての作業が多く、作業工程が定着するまでは口頭による指示に加えて、手順書をiPad miniで提示し、何の作業中なのか全体の流れを視覚的に理解できるよう指導した（図1）。

荷物は教室によって種類や個数、配置が異なる。以前は、ホワイトボードに配置図を書き、荷物の配置を確認していたが、配置図を正確に書かなければ正しく復元ができず、配置図（平面）から教室の全体像をイメージする（立体）ことに困難性のある生徒がいた。様々な認知特性の生徒が見ても同じように作業を進めることができるツールが必要であり、作業前の荷物の配置を正確に記録するために、自分の視点と同じように記録ができるカメラ機能を活用した（写真4）。また、写真撮影では荷物の正確な位置が分かるように、教室に固定されている窓枠や棚、床板の枚数等を基準をとして撮影するよう指導した（写真5）。

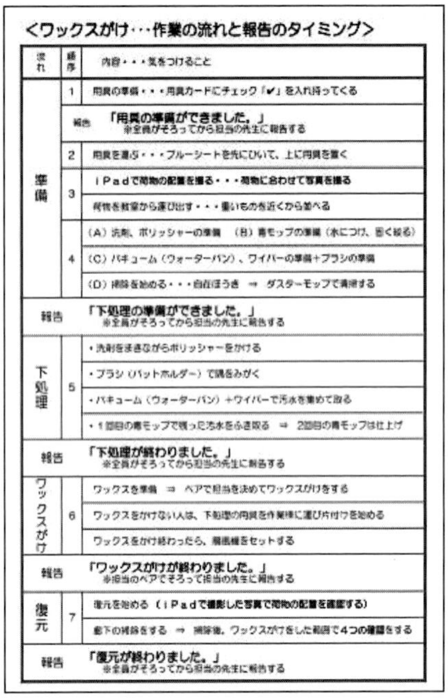

図1　手順書

写真4　教室の荷物の配置

写真5　基準を含めた写真

窓枠を棚や机の基準として撮影する

3．指導の効果

指導の効果を検証するために、荷物の配置が正しくできたかチェックリストを作成し、点数化した（表1）。

表1　復元チェックリスト＜点数化の基準＞

点数	復元における点数化の基準
3点	ほぼ同じ位置に復元している
2点	位置は正しいが、荷物のズレが大きい（床板半分…15cm以内）
1点	違う位置に復元する、荷物の順が異なる（床板1枚…30cm以上）
0点	復元を忘れている（廊下や隣の教室に置いたまま）

表2 復元にかかる作業時間と正確性

	6/3 iPad mini未使用	6/8 iPad mini使用	6/25 iPad mini使用
復元時間	29分37秒	15分24秒	16分19秒
復元の正確性	51点／60点（85％）	48点／60点（80％）	54点／54点（100％）

　iPad mini未使用時と使用時を比較（表2）し、顕著に表れた変化は、復元時間の短縮である。手書きで荷物の配置を記録した場合、細かな荷物の位置を合わせることが難しく何度も置き直しをするために作業終了に時間がかかる。しかし、写真を撮影することにより、搬出前に置いてあった位置を正確に判断することができ、置き直しをする回数が減少したことで作業時間が大幅に短くなった。復元の正確性については、初めてiPad miniを使用したときに窓枠や床板を基準とすることを指示していなかったため、写真から位置を判断することが難しく正確性が低下したが、作業の経験を重ね基準を含めて写真を撮影するスキルを身に付けることで正確性の向上が見られるようになった。

　さらに、副次的な成果として次の点が挙げられる。これまではどこに荷物を置いてよいか分からず、活動が止まる生徒がいたが、写真を確認することで作業を進めることができるため、主体的に活動に取り組む場面が増加した。また、生徒同士で荷物の配置を確認し作業を進めるためにコミュニケーションを取る回数が増加した（写真6）。

写真6　配置の確認

4．今後の課題

　写真は角度や基準を考えながら撮影するため、確実に教室を復元しようとするあまり、多くの写真を撮影してしまい時間がかかってしまうのが現状である。どのような写真が必要か考える力を育成するとともに写真の撮影についても明確な手順（撮る場所の固定や枚数等）を決めておく必要がある。

　また、写真を撮影する担当者は写真の意図を理解できるが、一緒に作業をする生徒は写真のどこにポイントをおいて見ればよいか分からないときがある。改善に向けての方策として、写真を撮影した生徒が指示を出し、協力して復元するといった役割分担を明確にして作業を進めることを考えている。毎回担当者を変更し、生徒全員が経験を積み重ねることで全体的なスキルの向上を目指していく。

　社会情勢の変化に伴い、生徒の課題や困難さを軽減するツールとして、特別支援学校でこそICT機器を活用する必要がある。授業場面や学習のねらいを考慮したアプリの選択や活用について検証を行い、個々の生徒に合わせたICT機器の有効な活用方法を探っていかなければならないと考えている。

17 中学部　総合的な学習の時間

わたしたちの住む街、東京を探検しよう！
~「選ぶ」「調べる」「まとめる」「発表する」活動を拡げる ICTの利用~

東京学芸大学附属特別支援学校　教諭　**齋藤 大地**

教科・領域名	総合的な学習の時間
対象学部・学年	中学部第1学年・第2学年
単元名・題材名	東京探検「楽しく学ぼう！水族館！」

使用機器及びアプリの名称とその特長

iPad	・直感的な操作が可能であり、知的障害のある生徒にとって他の端末よりも操作性が高い。 ・携帯性に優れているため、校外に持ち出し利用することが容易である。 ・カメラで撮影した画像や動画をすぐに視聴することが可能である。
電子黒板「BigPad」	・画面のサイズが大きく、40人弱の観衆を前にした発表にも十分利用できる。 ・タッチパネル機能があり発表場面における生徒の能動的な姿を引き出すことができる。
「PowerPoint」(Microsoft)	・スライドに文字のほか動画や画像を埋め込むことができる。

使用機器及びアプリの選定理由

　本授業で対象としたのは、知的障害のある生徒14名であった。各種のタブレット端末の中でも操作性や携帯性に優れたiPadは、本校の生徒が普段から頻繁に使用しているため、利用することとした。また、iPadは録画再生機能が充実しているため、自分で撮影した写真や動画を即時に見て振り返ることができるという利点もある。電子黒板は、提示装置としての役割だけではなくタッチパネル機能を利用すれば、発表場面における生徒の能動的な姿を引き出すことができると考え利用することとした。発表の際に使用するソフトウェアは、WindowsのPCでも使用でき、かつiOSとの互換性があるMicrosoft社のPowerPointを利用した。

17 中学部 総合的な学習の時間

1．指導の内容

　他の特別支援学校に先んじて本校では平成5年から「総合学習」（一般名称は「総合的な学習の時間」）に取り組んできた。本校の「総合学習」は「主体的に生きるために、自分をよりよく理解し、自らものごとを解決したり意思決定したりする方法を身に付けるための学習」の一つとして中学部・高等部で設置されており、方法知（学び方を学ぶ能力）を重視した授業実践を重ねてきた。その中で、生徒が主体的に活動し内容知（知識やスキルそのもの）だけでなく方法知までを獲得するために、「選ぶ」「調べる」「まとめる」「発表する」という4過程（図1）を重視した授業づくりを行ってきた。

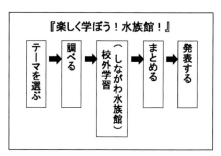

図1　テーマと指導計画

（1）ねらい

- 身近な地域について関心をもち、見学場所の利用方法や楽しみ方を知る。
- 全体テーマから自分の調べるテーマを選び、テーマに沿って調べる。
- 校外学習を通して調べたことを確認したり、体験を通して新しい発見をする。
- 調べたことや実際に活動したことをまとめ、発表する。

（2）指導期間／人数・学級構成

　約1か月間　全18時間

　指導計画は表1のとおり。オリエンテーション及び発表は全体で実施したが、調べ学習等はテーマごとに2～3名の班で行った。

表1　指導計画

時数	学習名	指導内容
1時間	オリエンテーション	・東京探検の概要（時期・行き先など）について知る（①） ・調べ学習について知る
1時間	調べ方を知ろう	・調べ方（図書館・インターネットなど）について知る
1時間	テーマを決めよう（選ぼう）	・本や資料などを参考にテーマを決める（選ぶ）
4時間	調べ学習をしよう	・テーマについて調べる（②）
1時間	「校外学習」事前学習	・当日の日程の確認、車内のマナー等の確認をする ・楽しみなこと、確認したいことを発表する
	校外学習に行こう 「しながわ水族館」	・調べたことを確かめる ・新しい発見をする
1時間	「校外学習」事後学習	・スライドショー等を見ながら、活動の様子を振り返る
1時間	まとめ方を知ろう	・まとめ方（模造紙やスライドなど）について知る
5時間	まとめよう	・調べたことを模造紙やスライドにまとめる（③）
1時間	発表の練習をしよう	・発表の仕方を知る ・発表の練習をする
2時間	発表しよう	・発表する（④）

①

②

③

④

（4）展開

前年度までの学習では、「選ぶ」活動はある程度保障することはできても、「調べる」「まとめる」「発表する」という3過程については、高次の認知スキルを必要とする活動であり、一部の生徒は"テーマに沿った本を見て（「調べる」に相当）、その一部を書き写し（「まとめる」に相当）、書かれた文章をそのまま読む（「発表する」に相当）"という活動に終始してしまうことが多かった。

そこで、先述した4過程それぞれの活動において、"生徒の主体性"を引き出すためにICTを活用した授業を展開することとした。

2．指導上の工夫

指導上の工夫について、3つの特徴的な事例について記載する。

事例1：テーマについて知らなかった頃の自分の姿をタブレット端末で見て発表に自信を付けた生徒A

事例2：発表場面で電子黒板を利用し学習過程の動画を自ら選択し発表した生徒B

事例3：発表練習の際にタブレット端末を用い、自らの発表の姿を見て修正し発表を迎えた生徒C

以下には、各事例の概要とICT活用のポイントを示した。

事例1　タブレット端末の携帯性・カメラ機能

オリエンテーションの際、教師が図2の画像を提示するとAは何か分からなかった。その後3回の本やインターネットを利用した調べ学習においても、答えを見つけることができなかった。水族館に行った際に、Aは一つ一つの水槽をじっくりと見て丁寧にタブレット端末で写真を撮っていた。学校に帰ってから、自分が撮影した写真の中に写真1と同じものがあることを発見し、非常に嬉しそうに私に報告してくれた。発表会の前には、写真1が何か知らなかった頃の動画を見ることで「なんだかこんな日もあったな〜」と現在の自分（すでに写真1がエイだと知っている）を誇らしげに感じている様子であった（写真2）。

写真1　エイの画像

写真2　学習前の自分の動画を確認する

事例2　電子黒板のタッチパネル機能の利用・ハイパーリンクを利用したPowerPoint

Bは障害が重い生徒であったため、Aのような調べ学習ではなく、本人が興味を示したメダカの水槽作りと飼育を行った。その様子を担任が動画として撮りため、発表会当日はB自身が見たい映像、皆に見せたい映像を自由に選択できるようPowerPointを構成し、電子黒板を使用し発表した（写真

写真3　電子黒板を使用しての発表

3）。発表では、自分で選択した動画をじっくりと見ていただけでなく、聴衆から拍手をもらうと飛び跳ね嬉しそうにしていた。

> 事例3　タブレット端末の録画再生機能

Cは中学2年生であり、「総合学習」の学習経験があった。しかし、昨年はテーマについて十分理解しておらず、発表では本の一部を書き写した用紙を読み上げたとのことであった。そこで、"理解できた内容を、自信をもって発表すること"を目標に、教員の発表のモデル映像を見て練習し、さらに自身の練習の様子をタブレット端末で振り返るという方法をとった（図2）。その結果、自分の発表の様子を真剣に見て、見本との違いに気づき、自らの発表を修正するだけではなく、"こうした方がいいかも"などと自分なりのアイディアを発表に加えることができた（写真4）。

図2　自分の練習の様子をタブレット端末で振り返る

写真4　発表時の様子

3．指導の効果

本実践において生徒の主体性を育むために有効だったのが、タブレット端末の録画再生機能を利用したビデオフィードバックである。事例1の生徒Aは、知識がなかった頃の自分を振り返ることで、知識を得た自分を誇らしく感じることができた。事例3の生徒Cは、自己の発表の様子を何度も繰り返し見ることで、"もっとこうしたい！"という思いを抱き、発表の仕方を自ら修正することができた。このように、知的障害のある生徒にとって、自己の姿を動画で振り返るということは行動の修正を促すだけではなく、自己意識を高め、主体性を育むことができるということが明らかとなった。

また、事例2の生徒Bは発表の際に、自分が見たい、見せたい動画を自分で選ぶことにより、主体的に発表に参加することができ達成感を得ることができた。これは大人数（40人程度）の発表に耐えうる画面の大きさとタッチパネル機能を兼ね備えた電子黒板だからこそできたことであった。

4．今後の課題

本実践では、知的障害のある生徒の「選ぶ」「調べる」「まとめる」「発表する」という4つの活動においてICTを活用したが、3つの事例が示すように個々の実態に応じてその活用法を変更した。また、「調べる」活動において、インターネットから必要な情報を引き出すことができる生徒がいる一方で、インターネットでは情報量が多すぎて逆に混乱してしまう生徒がおり、そういった生徒に対しては本や雑誌等の利用を勧めた。

このように、ICTを活用する際には、生徒一人一人の実態に応じて使用すること、そして必要に応じてアナログな手段と組み合わせて使用していくことが有効であった。今後も生徒にとってできることが増えるICTの活用方法を引き続き検討していく必要がある。

第2部　実践編

18　中学部　総合的な学習の時間

音の「なんでだろう」を解決しよう！
～身近にある音を見つけよう～

茨城大学教育学部附属特別支援学校　教諭　**小松 大介**
　　　　　　　　　　　　　　　　　　教諭　**廣木 聡**

- **教科・領域名**　総合的な学習の時間（本校での名称は「かがやきの時間」）
- **対象学部・学年**　中学部全学年
- **単元名・題材名**　「なんでだろう」を解決しよう！　「音のなんでだろう」

使用機器及びアプリの名称とその特長

iPad （カメラ、動画機能）	・生徒が簡単に操作することができる。 ・録画したものをすぐに確認することができる。 ・持ち運びが便利である。 ・電子黒板に接続することで、映像を大画面で見ることができる。
電子黒板	・パソコンやタブレット端末と簡単に接続することができる。 ・準備が手早くできる。 ・情報を大画面で確認し、共有することができる。 ・指差し等で画面を確認するときも影にならない。

使用機器及びアプリの選定理由

　本校は知的障害対象の特別支援学校である。平成27年度の在籍数は小学部13名、中学部18名、高等部22名、計53名の小規模校である。

　本校中学部では、総合的な学習の時間（「かがやきの時間」）を部全体で行っている。「かがやきの時間」では、生徒たちが日常生活の中で感じる疑問や気づきを、自分たちで試行錯誤しながら解決する過程を重視し、『「なんでだろう」を解決しよう！』という単元を設定し、1年間を通して学習に取り組んでいる。

　本実践では、自分たちが音を見つけた様子を録画し、他学年の友達に問題を出すというクイズ形式にすることで、生徒が楽しみながら主体的に学習に取り組めるようにするためにiPadを活用することとした。

18 中学部 総合的な学習の時間

1．指導の内容

（1）ねらい
- 生活の中には、様々な音があることに気づくことができる。
- 自分で音を出したり作ったりして楽しむことで、音の面白さに気づくことができる。

（2）指導期間
全7時間

（3）人数・学級構成
中学部1～3年生　18名

（4）展開

学習活動	指導・支援上の留意点等
1　前時の振り返りをする。	
2　本時の学習内容を知る。 　・生活の中にある音を見つけよう。	・「昇降口のドアを開ける音はどんな音かな」と、登校時に全員が経験する場面を想起させることでイメージがもてるようにする。
3　音クイズを考えよう。 　(1)　学年ごとに担当場所に移動して活動する。 　(2)　問題を考える① 　　・iPadで動画を撮影する（学年1台）	・日常生活で行っている活動の中からクイズを考えることができるようにする。 ・スケジュールボードを教師が手元に準備しておき「○○の時間はどんな音が出ているかな」と言葉かけすることで、生徒が自分の活動を思い出しながら考えられるようにする。 ・1年生⇒教室の中の音 　　例）机を動かす、ジッパーの開閉 　2年生⇒集会室の中の音 　　例）水道の栓を開ける、カーテンの開閉 　3年生⇒下駄箱から廊下、集会室までの音 　　例）トイレのドアの開閉、ロッカーの開閉
(3)　問題を考える② 　　・撮影した音について、答えとなる表現（例「トントン」等）を考える。 　　・ホワイトボードに3択で問題を書く。	・どんな音がしたのかを教師や友達とやりとりしながら確認し、答えとなる音（表現）を、学年で1つ考えられるようにする。 ・不正解の表現（選択肢）についても教師や友達とやりとりしながら決められるようにする。
4　学年ごとにクイズを出して答え合わせをする。	・出題する学年は前に出るようにする。 ・はじめに動画の音のみを聞くことでクイズに対する期待感を高めるようにする。

出題学年	回答学年	
・撮影された動画の音のみを聞く。	・どんな音だったかを考えて発表する。	・どんな音だったかを擬音語で表現できるように言葉かけすることで、様々な表現（答え）が出てくるようにする。
・3択を提示する。	・答えを発表する。 ・どんな場面の音かを考え発表する。	・どんな場面の音かを予想することで、自分の生活と関連付けて考えられるようにする。
・動画を見せる。 　（答え合わせ）	・答えを確認する。	・電子黒板と接続し、撮影した動画を大画面で確認することで、自分たちの活動を振り返ることができるようにする。
出題学年を交代する。		・学年を交代して3学年行うようにする。

2．指導上の工夫

　本時の導入として、前時に「動物の鳴き声クイズをしよう」という授業を行い、「音」を意識できるような活動を経験したことで、生徒は本時の内容について見通しをもって取り組むことができた。

　1日のスケジュールを確認しながら活動に取り組むようにすることで、普段の学校生活の中にも、意識して聞いてみると様々な音があるということに気づいてほしいと考えた。「〇〇している時間にはどんな音が出ているかな？」と言葉かけをすることで、生徒からの様々な意見を引き出したり、実際にその場面を再現したりするなどして、生活の中にある音に気づけるようにした。

　持ち運びに便利なiPadを活用することで、音を見つけたときには、その場で録画して記録するとともに、その音を表す言葉をホワイトボード上にその場で記入できるようにした。

　音を見つける活動では、生徒間のやりとりを大切にし、生徒同士での「こんな音に聞こえるね」というやりとりの中から、学年として答えをどれにするか決めたり、不正解の表現（選択肢）についても相談したりしながら決められるようにした。

　また、音を出しているときに発音体に触れてみるように促すことで、発音体が振動していることや、触れると音が止まることに気づけるようにした。

3．指導の効果

　本実践では、既存の（購入する必要のない）アプリであるiPadのカメラ（動画撮影）機能を利用した。このアプリは、他の授業等でも生徒が触れたことがあり、操作はボタンを押すだけと分かりやすく、簡単に写真や動画を撮影することができるものである。

　音を見つける活動では、音を鳴らす生徒、動画を撮影する生徒と役割を交代しながら活動に取り組むことで、それぞれの役割を意識しながら活動に取り組むことができるようにした。音を鳴らす生徒は、撮影されることを意識しながら意欲的に活動に取り組み、撮影する生徒は撮影という活動を通して、友達の活動をよく見ることができた。

　生徒は意欲的に活動する中で、生活の中にある音（カーテンを開閉する音、ロッカーを開閉する音、本のページをめくる音など）について予想外の発見をすることができた。音

カーテンを開ける音

ロッカーを開閉する音

本をめくる音

を発見したときに、即時録画ができるため「見つけたよ。これも撮って」と、友達に自ら気持ちを伝えたり、「これをクイズにしたら面白いんじゃない」と話し合ったりしながら活動に取り組むことができた。次の授業では3つの学年の活動場所をローテーションで交代したことによって「この音は前に他の学年が見つ

授業の様子

けていたから、他の音を見つけてみよう」と、自分で探してみたいという気持ちをもって活動に取り組む姿が見られた。

また、次時の「音の秘密を知ろう」という授業では、音は空気が振動して伝わることを学習するため、大太鼓とろうそくを使って、並んだろうそくの火が順番に消えていくことを確認した。生徒が実験する様子をiPadを使って録画し、電子黒板に映してスロー再生することで、自分が叩いた太鼓の振動でろうそくの火が消えていくことを確認できると、生徒からは「おおっ」という驚きの声が上がった。

4．今後の課題

(1) 実践を通して感じた生徒の変化

本実践では、生徒たちが生活の中にある音について、主体的に活動に取り組む中で気づいていく過程を重視したいと考え、そのためにはiPadのカメラ（動画撮影）アプリが有効であると考えた。生活を振り返りながら活動する中で「こんな音がした！」と気づいた瞬間に録画ができ、録画したものをクイズの正解発表の場面で使用したことで、「私はこんな音に気づいたよ」と嬉しそうに発表する様子が見られた。また、発表を聞いた友達から「そんな音もあったんだね」「すごい」と拍手をもらったりすることで、自信を深めたり自己肯定感を高めたりすることにもつながった。

(2) 課題

本実践では、学習のねらいを達成するために効果的にICTを活用できたと考える。今回利用したiPadのカメラ機能は、操作も簡単であり、生徒が楽しく活動できるものである。ICT機器は生徒には魅力的なものであると考えるが、それらを活用する際には、楽しいだけに終わることなく、なぜICTが有効なのかという点を常に考えながら授業づくりを進める必要があると考える。

第2部 実践編

19 高等部　総合的な学習の時間

人とかかわる"媒介"としての
タブレット端末活用

長野県上田養護学校　教諭　**大久保 哲綱也**

教科・領域名	総合的な学習の時間
対象学部・学年	高等部第2学年
単元名・題材名	「趣味を通して友達を深く理解しよう」

使用機器及びアプリの名称とその特長

iPad mini （カメラ、動画機能）	・直感的に操作ができる。 ・写真撮影や動画撮影も容易で、使用に際して事前の学習に多くの時間を割かなくても良い。 ・扱う生徒にもよるが、iPad miniは画面サイズも適度で、取り回しも容易である。
電子黒板	・ケーブル1本でiPadとの接続が可能で、iPadの画面の拡大提示ができ、学習内容の共有が容易である。
Bluetoothスピーカー	・ある程度の距離までケーブルなしで接続が可能で、iPad既存のスピーカーでは聞こえづらい音声も聞くことができる。 ・大勢で見合う場合には有効である。
「Keynote」 （Apple）	・iOS専用のプレゼンテーション用アプリで、操作が容易で簡単にプレゼンテーションを作成することができる。
「iMovie」 （Apple）	・iPadで撮影した写真や動画をその場でつなげたり、音楽をつけて編集したりすることが簡単にできる。

使用機器及びアプリの選定理由

　本学級には、スマートフォンやiPadなどの携帯情報端末への興味・関心が高い生徒が多い。一方で、適切な距離を保って会話することや適切な受け答えをして人間関係を築いてきた経験が少なく、乱暴な表現や直接的な表現でトラブルを起こすことが多いなど、人との関係づくりや関係維持が苦手な生徒が多いといった特徴がある。そのような生徒たちにとって、iPadのプレゼンテーション用アプリを使って、自分が興味あるものや自分の趣味を発表して他の生徒に教えたり、また教わったりする場面を設けることで、互いに気持ちのよいやりとりの仕方や言い方を学ぶことができると考え、本単元を設定した。

1．指導の内容

（1）ねらい

　前年度までの取組で、「媒介となるもの（好きな運動や共通の趣味、興味・関心の高いもの）」を中心に人とかかわることで、生徒たちの、説明する力や質問する力、適切な声のかけ方、受け答えなどの力が伸びてきていることが生徒たちの日常生活の姿から明らかになってきた。そこで、生徒が自分の興味のあるものや自分の趣味を発表し、実際に生徒同士が教えたり教わったりする場面を設けること、人とかかわる際に媒介となるもの、なりそうなものを増やしていくこと、また、それらをもとに自分にとって有効な学び方・方法を身に付け、自らの課題を見つけ、自ら考え、よりよく問題を解決していく資質や能力を育成することをねらいの中心に据えて授業を行った。

　評価のできる具体的なねらいとして、

・趣味を紹介し合い、実際に一緒にその活動を行って、おもしろさを共有することを通して、友達の趣味のおもしろさに気づいたり、その活動を通して友達とかかわったりすることができる。

・自分の得意なものを媒介として、適切に人とかかわる経験を積むことができる。

の2点を設けた。

（2）指導期間

　4か月間　全6時間

（3）人数・学級構成

　高等部2年生　5名

（4）展開　＊実施した授業のうちの1回の授業案

段階	学習活動	支援
導入	1　はじめの挨拶 2　流れ・約束・使うものの確認	・約束・流れの紙を貼り出す。
展開	3　Nさんの発表『プラモデルムービー』 　(1) Nさんの作ったムービーを見る。 　(2) Nさんのムービーを見た感想を発表する。 　(3)『みんなでムービーを作ってみよう』 　(4) 手順を確認する（Nさん） 　①対象物の撮影 　　・ポーズや場所、アングルをかえて撮影する。 　②編集 　　・画像の長さ、順番等を編集する。 　　・作成途中のムービーを確認しながら編集していく。 　　・やり方で、分からないことはNさんに聞く。 　(5) できあがったムービーをみんなで鑑賞する。	・映像に現れているこだわりを感想発表の前に紹介する。 ・Nさんの説明に合わせて実物を操作し撮影をする。 ・Nさんの説明に合わせてiPadの操作をする。 ・Nさんの他生徒へのかかわりを見守る。

ま と め	4 感想発表をする 5 終わりの挨拶	・「Nさんの授業はどうでしたか？」と生徒に投げかける。 ・Nさんの本時の姿を見返して、良かった点を伝える。

2．指導上の工夫

（1）具体的な資料の掲示

- 本時の流れや学習内容と手順を、毎時間、確認した（写真1）。
- 大きな授業の流れは固定して行った（写真2）。
- どのような言葉が気持ちのよいかかわりにつながっていくか、反対にどんな言葉が相手を嫌な気持ちにさせるか、という言葉を色分けして紙ベースで掲示し、毎時間授業前に確認をした（写真3）。

（2）役割の交代

- 毎時、先生役と生徒役を入れ替え、どちらの立場でも適切なやりとりが学べるようにした。

（3）アセスメントの活用

- WISC-Ⅲなどの検査結果や日常の行動観察から、生徒たちの特性を客観的に分析し、授業で使う教材や言葉かけの場面、言い方などを検討した。
- 検討を踏まえて、得意な面の支援を充実させつつ、不得意な面を補う支援の準備を行った。

3．指導の効果

　WISC-Ⅲの検査結果をもとに、生徒の得意不得意を分析し授業を行ったことで、文章を書くなど苦手な面においてiPadを補助的なツールとして有効活用したり、その他の苦手分野においても、有効と思われる教材を準備したりすることができた。例えば、発表する際の文章などは、事前に原稿をiPadのアプリに打ち込んでおくことで、普段は発表などの際に決まった言い回ししかできない生徒が、大勢の前でもiPadの原稿を見ながら落ち着いて発表することができた（写真4）。また「Keynote」を使うことで、自分の発表の全体の流れを見通すことができ、相手に伝わりやすくするということを考えながらスライドを入れ替えた

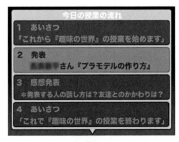

写真1

写真2

写真3

写真4

り、画像を加工したり、文章表記やフォント、カラーなどを工夫したりする姿が見られた（写真5、写真6）。

生徒の得意な面を授業の中心に据えたこと、具体的な言葉や態度の例示が黒板等にあったことで、どの生徒も自信をもって、穏やかな口調で友達と接することができた（写真7）。参観していただいた先生方にも、生徒同士の良い態度・言葉遣いをその場でたくさん褒めてもらうことができ、それぞれの生徒が成功体験を多く積めたことは何よりも大きな成果であった。

また、今回の授業で、生徒たちは人とかかわる際どうしたら良いか、またiPadなどの機器を含め、人と適切なかかわりをする上で、自分にとってどんな方法や手段が有効であるか、ということが実体験として理解できたようである。乱暴な口調もほとんどなくなり、手を出すといった間違ったかかわり方も授業前に比べ格段に少なくなっている。

最後に、これまで本校で行ってきたSST（ソーシャル・スキル・トレーニング）の授業は、設定場面が形式的なこともあり、実際的ではなかった。今回の授業では、日常に見られる場面を授業の中に組み込んだことで、似たような日常の場面での汎化が見られることもあった。

写真5

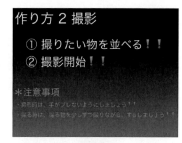

写真6

写真7

4．今後の課題

（1）実践を通した生徒の変化
- iPadを媒介としたことで苦手だったこともできるようになり、できたことで心理的な余裕も生まれたように思う。そのことが、人とかかわる際にも言葉や態度に表れてきた。
- またその適切なかかわりを、その場で、何がどう良かったのかを具体的に褒めてもらえたことは、生徒たちにとってとても分かりやすく、やる気の向上につながった。

（2）今後の課題
すべての生活場面で適切な人間関係を築いていけることが目指す姿である。授業中の姿の般化は見られるものの、授業外の日常場面で活かしていくことは引き続き課題である。

アセスメントの結果をしっかりと分析し、授業に活かしていくことが大事だと今回の実践で改めて認識した。そのために、WISCやその他の諸検査の結果を分析し、実際の授業で活用できる専門性、適切で具体的な支援を講ずることができるような専門性をさらに高めたい。

第 2 部　実践編

20　小学部　特別活動

子供間の距離を縮めるICTの力

東京都杉並区立済美養護学校　主任教諭　蓑手 章吾

教科・領域名	特別活動（副籍交流）
対象学部・学年	小学部第5学年
単元名・題材名	「もっとAくんのことを知ろう！」

使用機器及びアプリの名称とその特長

iPad、BIGPAD	iPadの操作中の画面をそのまま大画面で共有できる。
カメラ・写真アプリ	実物をそのまま撮影できるので分かりやすい。
「MadPad」 (Smule)	9分割された画面で、ワンタッチで動画を再生する。
「すききらいカメラ」 (CAD CENTER CORPORATION)	カメラで撮った画像を好きか嫌いかでフォルダ分けできる。

使用機器及びアプリの選定理由

　本単元は副籍交流ということで、筆者が指導を担当し、交流学級の児童と合同で授業する授業案を立てた。交流自体は4年目ということもあり、交流学級ではAくんを積極的に受け入れ、優しくしようとする子供たちである。

　Aくんは重度重複学級に所属しており、コミュニケーションをとることを苦手としている。定型発達児からすればAくんが、何が好きで、どんなことを考えており、どのようにコミュニケーションをとればよいか

「すききらいカメラ」

考えるのは困難を極めるだろう。そこで、日頃から学校生活などで日常的に使用しており、関心の高いiPadで楽しんでいる様子を実際に見てもらいながら、好きなものを知ってもらえるアプリを選定した。

20　小学部　特別活動

1．指導の内容

(1) ねらい

・友達に、自分のことをよく知ってもらう。（Aくん）
・障害のある子を「お世話する対象」ではなく、「共に楽しめる仲間」として受け入れる。（交流学級の児童）

(2) 指導期間

4時間（事前指導2時間、授業当日1時間、事後指導1時間）

(3) 人数・学級構成

交流学級の児童30名＋Aくん

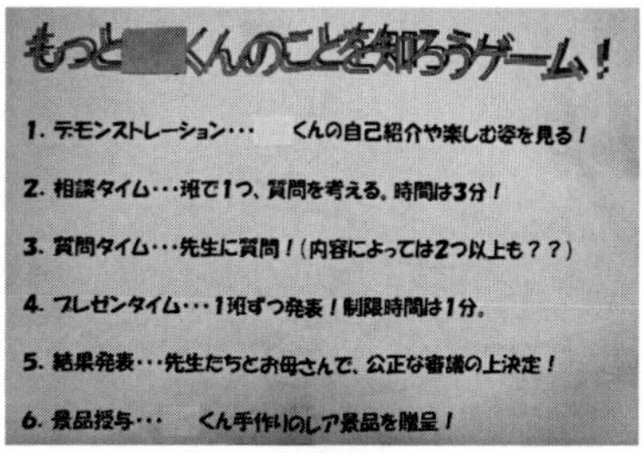

写真1

(4) 当日の展開

時間	学習内容	指導上の留意点（⇒は実際の児童の反応）
5分	①指導者及び対象児童の自己紹介をする。 ②Aくんについて知っていることを発表する。 ③単元名と内容を知る。	①交流学級の担任には、事前に班の形で着席することを依頼しておく。 ②板書して残すようにする。 ⇒「音楽が好き」程度しか出なかった。 ③「もっと知りたい！」と思わせる。
15分	④「好きなこと当てゲーム」のルールを理解し、意欲を持つ。 ⑤AくんがiPadを操作する姿を見て、ゲームのヒントにする。 ⑥班で質問や作戦を考える。	④拡大用紙を提示し、ルール説明をする（写真1）。 ⇒「楽しそう！」と前向きな反応が多かった。 ⑤事前に作成した自己紹介アプリを大画面に映し、楽しむ姿を共有する。 ⇒「すごい！」「僕と一緒！」などの驚きの声が多数聞かれた。 ⑥指導者が質問に答える。なかなか作戦の思いつかない班にはヒントを出す。 ⇒「好きな曲は？」「さっきの○○はなんですか？」など質問が出された。どの班も楽しそうに作戦を立てていた。
15分	⑦1班ずつ出し物をする。 ⑧結果発表を聞く。	⑦制限時間1分。何を使ってもよいものとする。 ⇒歌を歌う、踊る、プレゼントを渡すなど、どの班もよく考え、一生懸命出し物をしてくれた。 ⑧優勝チームに景品を渡す。 ⇒景品は、事前指導でAくんが作ったスーパーボールとした。見た交流学級の児童たちは驚き、そしてとても喜んでくれた。
10分	⑨まとめを聞く。 ⑩手紙を書く。 ⑪挨拶をする。	⑨障害があっても一緒に楽しめる共通点があること、そのことを知らない人も多いので、みんなの体験を広めてほしいことを告げる。 ⇒みんな真剣に聞いてくれた。 ⑩メッセージでも感想でもよいこととする。 ⇒みんな時間いっぱいまで真剣に書いてくれた。 ⑪お互いにお礼を言って、お別れをする。

2．指導上の工夫

　本単元における交流は、「副籍交流」という東京都教育委員会の方針を受けて各区市町村教育委員会が実施するもので、その中でも直接的な交流とされる居住地交流の事例である。直接的な交流場面で、どうしたら交流学級の児童と学び合えるかを主眼に授業案を構想した。副籍をはじめとする「交流及び共同学習」では、双方にとっての事前指導が十分でないと、特別支援学校の児童がただその場にいるだけの「お客様状態」になってしまうことがある。それでは双方にとっての学びは薄い。年に何度とないこの機会に、双方にとって最大限学びになる時間としたいと考えた。

　Aくんは1年生の頃から現交流校で副籍交流を行っている。交流先はとても寛容で、快く受け入れてくれる学級だ。その半面、「お世話をする対象」としての印象がぬぐい切れていないようにも感じられた。これでは互いの対等な立場に立った学習にはならない。そこで本単元では、Aくんを主役として、交流学級の児童が楽しみながらも「障害」について、さらに本人についての理解を深めることをねらいとして授業を構想した。

　Aくんには重度の知的障害があり、コミュニケーション能力や意思表出が乏しい。交流学級の児童も気持ちを察しきれずに、結果として距離が生まれてしまっていると考えた。そこで、（4）当日の展開の⑤にあるように、Aくんが実際に楽しんでいる姿を見ること、また、同⑥⑦にあるように自分たちも参加することで、重度の障害があっても共通する部分があり、同じことで一緒に楽しめるということに気づいてもらえるようにした。

　iPadは不思議なほど児童を引きつけた。それは重度の障害のあるAくんにおいても同じだった。関心のあるものを、本人が楽しむ姿と同時に提示できるという点で、ICTに勝る手段はないと言っても過言ではない。今回は特に本人が好んで使用していた「MadPad」というアプリで、自己紹介ができるように事前指導を行った。Aくんが好きなことを提示しながら、同時に次の活動におけるヒントとすることで、交流学級の児童も関心をもって見られるようにした（写真2）。

写真2

3．指導の効果

　Aくんは聴覚刺激を好む児童である。普段の学校生活では教員に要求を表して、応じてもらうことで楽しく過ごしている。しかし、いつも教員が近くにいて相手ができるとは限らない。構ってもらえない時間が長く続いたり、相手から期待した反応が得られなかったりすると、フラストレーションをためる姿がこれまでにしばしば見られた。

　Aくんは家庭で日常的にiPodやiPhoneを使用しており、学校でもiPadを渡すと高い関心を示し、すぐに基本的な操作を覚えることができた。直感的操作性に優れている点、アイコン等視覚支援が充実している点、どのデバイスにおいても基本的な操作が共通している

点など、iOS端末は特に重度の知的障害児にも有効であることを改めて実感した。

Aくんにとって、自分の好きなときに好きなフレーズを言ったり歌ったりしてくれる媒体があり、それを操作できるようになるということは、心を落ち着けたり豊かに余暇を過ごしたりするという意味でも、とても効果があった。何より、心から楽しんで操作している姿は、本単元の事前・事後指導においてはとても意味のあるものだった。

ICT機器への興味や憧れというのは、通常の学級に通う児童たちにとっても共通したもので、Aくんが操作する姿に感心したり、画面に現れるAくんの好きなものに興味をもって見たりしてくれたことは、ICTの力によるところが大きい。交流学習においてもICTの有効性が大きいことを教えられた単元だった。以下に、交流学級の児童のこれまでにない感想を掲載する。

「ぼくは今日、Aくんのことを知れてよかったです。楽器はぼくも大好きで、ちょっと同じところがあるね。ぼくは今、ギターを練習しています。また会おうね。」

「ぼくも音楽が好きなので、話が合うと思いました。音楽のことでたくさん話すことができると思います。また遊びに来てね。」

4．今後の課題

(1) 実践の成果

今回の交流を通して、これまでの交流ではなかなか伝わらなかったAくんのリラックスした姿を引き出すことができた。交流学級の児童も、Aくんの意外な姿に驚いていた。交流学習というと、どうしても緊張したり、接する時間が短かったり、お世話する関係になってしまったりと、距離を縮められないことが多い。そのような中で、普段のリラックスした親しみあるAくんの姿を引き出せたのは、紛れもなくICTのもつ魅力である。合理的配慮の点からも有効であった。

(2) 今後の課題

Aくんの今後の課題としては、自分でアプリを選んで立ち上げられるようになること、そして不意な操作ミスから自力で復旧できるようになることである。現在は教員がセッティングしてから操作させているが、余暇活用の点から考えると、さらなる操作性の向上が必要となる。アプリの整理など、「システムの構造化」を図りながら、スキルを獲得させる方法についても探究していきたい。

(3) まとめ

めまぐるしく技術が発展している今日、私たちの生活にもますますテクノロジーが入って来るだろう。新たな機器とどう付き合い、どう活用していくか、そのためのスキルや理念をどう磨いていくか。それらを身に付けることも、学校教育に課せられた使命なのではないだろうか。まずは教員自身がアンテナを高く張り、積極的にICT機器を活用する中で専門性を高め、テクノロジーを構造化して子供たちの発達段階や障害特性に合わせて提示していきたい。

第 2 部　実践編

21　高等部　特別活動

「地震、津波から自分の身を守ろう！安全に避難しよう！」

宮崎県立延岡しろやま支援学校　教諭　田端　允

教科・領域名	特別活動
対象学部・学年	高等部第2学年
単元名・題材名	「地震、津波から自分の身を守ろう！安全に避難しよう！」

使用機器及びアプリの名称とその特長

iPad Air2 （カメラ機能）	・様々な情報を視覚的に分かりやすく表示することができ、持ち運びも便利である。 ・起動後すぐに写真や動画を撮影することができ、撮影後素早く映像を確認することができる。
「Keynote」(Apple)	・画像や動画等を使ったスライドを簡単に作成することができる。
「Google Earth」 (Google, Inc.)	・調べたい場所を航空写真や地図、ストリートビューで表示することができる。
「まねるんです」 (Kazuhisa Yamamoto)	・動画にタイトルをつけて再生できるモデリング用のアプリ。
「KiZuKi」 (MAPPLE ON, Co., Ltd.)	・動画をスローモーション再生したり、動画内に図形やライン等を描きこんだりすることができる。
「Skitchi」 (Evernote)	・画像に矢印や直線を描きこむことができる。
「避難所検索」	・日本全国の避難所を検索・表示することができる。
「アレルギーチェッカー」 (Willmore.Co.,Ltd.)	・食品のバーコードをタブレット端末にかざすだけでその食品に含まれるアレルギー物質やカロリーを表示することができる。

使用機器及びアプリの選定理由

　対象生徒は、見通しが立たない場面への苦手意識が強い。これまでの地震津波を想定した訓練では、固まって動けなくなったり、大声で暴れたりすることがあった。しかし、火災を想定した訓練では、スムーズに避難することができた。これは、本人が火災に対するイメージがもちやすかったためだと考えられる。そこで、地震や津波に対する正しい知識を得ることで安全な避難につなげられると考えた。指導にあたっては、様々な情報を視覚的に分かりやすく表示することができ、持ち運びも便利なiPadを活用した。アプリの選定にあたっては、「本人が見て理解できる」、「より実際の場面をイメージできる」といった点を大切にした。

1．指導の内容

（1）単元のねらい
- 地震や津波がきたときに取るべき行動を知り、実際の場面や地震津波を想定したロールプレイの中で状況に応じた行動をとることができる。
- 自分の家の近くの避難所の場所や避難所までの経路を知ることができる。
- 避難所の生活の一部を体験することを通して避難所での生活を知ることができる。

（2）指導期間
7か月間　全23時間

（3）人数・学級構成
高等部2年生　3名

（4）展開

＜本時の目標＞
- 地震、津波について知ることができる。
- 地震、津波がきた際にとるべき行動を知り、ロールプレイの中で実践することができる。

時間	生徒の学習活動	指導上の留意点
1分	1　はじめのあいさつをする。	・地震や津波の実際の映像を一部使用するため生徒の心理面に十分配慮する。 ・生徒が教師に注目しやすいように机の位置をコの字型にしておく。
3分	2　本時の学習について知る。	・活動の流れをイメージしやすいように大まかな活動のイラストを示し説明する。
8分	3　地震や津波についての映像を観る。	・地震や津波がどのようなものかイメージできるように実際の映像を観せる。
6分	4　気がついたことを発表する。	・生徒の気づきを多く引き出すために動画に描き込み等ができる「KiZuKi」を使って映像の注目してほしいところを示す。
10分	5　地震、津波について教師の説明を聞く。	・地震や津波についての情報を整理するために、プレゼンテーションアプリ「Keynote」で作成した教材を提示する。 ・津波についての理解を深めさせるために、地図アプリ「Google Earth」を使って海と学校、自宅の位置関係を知らせる。
15分	6　地震、津波の際にとるべき行動をロールプレイの中で練習する。	・生徒が教師の動きを模倣しやすいように、動画によるモデリングのためのアプリ「まねるんです」で作成した映像を見せる。
6分	7　学習の振り返りをする。	・生徒が自分自身の動きを客観的に知ることができるように、練習の様子を「カメラ」で撮影し、フィードバックできるようにする。 ・生徒が本時の活動を振り返りやすいように活動の流れカードを示し、活動の内容を振り返る。 ・生徒の達成感を高めさせるために活動を認め、称賛する。
1分	8　おわりのあいさつをする。	・背筋を伸ばすように言葉かけをし、活動の終わりを意識できるようにする。

2．指導上の工夫

　単元全体を通して「見て理解ができる」、「より実際の場面をイメージできる」という点を指導上大切にした。

(1)「見て理解ができる」ための工夫

①生徒が地震、津波についてより理解しやすいように映像やプレゼンテーションを使用した。

　最初に映像だけを表示したところ、地震、津波に対する恐怖心だけが大きくなってしまうことがあった。そこで「KiZuKi」を使って映像を観る際のポイントを伝えたり、「Keynote」を使ってプレゼンテーションを作成し、情報を整理したりした（写真1、2）。

　写真1　　　　　　　　　写真2

②本人が地震や津波が来たときに取るべき行動を視覚的に理解できるようにした。

　対象生徒は、教師の動き等を模倣することができたため、モデリングのためのアプリ「まねるんです」を使用して行動の獲得を図った（写真3）。

　写真3

③訓練やロールプレイの際の様子をカメラアプリで撮影し、生徒が自分でフィードバックできるようにした。

　カメラで撮影した映像を観るだけでは、大まかな気づきしか得られなかったので、「Skitch」を使用して映像に手書きで描きこみ、良かったところや改善が必要なところを伝えた（写真4）。

　写真4

④海から学校や自宅までの位置関係や避難所の場所等を視覚的に分かりやすく示す。

　写真5　　　　　　　　　写真6

地図アプリ「Google Earth」を使って、海から学校や自宅までの位置関係が分かるように提示したり、「避難所検索」アプリを使って避難所の場所等を確認したりできるようにした（写真5、6）。

（2）「より実際の場面をイメージできる」ための工夫

①学校以外の場所でも地震や津波が来ることを想定し、保護者と本人で避難経路や避難場所の確認をしてもらう。

事前に「Google Earth」を使って、避難場所や避難経路を本人、保護者と確認した後、実際に避難経路を使って避難場所まで行ってもらった（写真7）。実際に経路を歩くことで、画面上にはなかった建物があることや、より避難に適した経路があることなどの気づきが得られたため、経路等の修正を行った。

写真7

Google Earth

②非常食のアレルギー物質やカロリーを計測したり、実際に食べてみたりする。

「アレルギーチェッカー」を使って、食品に含まれるアレルギー物質やカロリーの情報を得られるようにした（写真8）。

写真8

アレルギーチェッカー

③生徒に予告をせずに避難訓練を行う。

より実際の場面に近づけるために生徒に事前の予告をせずに緊急地震速報を使って訓練を行った（写真9）。

写真9

3．指導上の効果

図1は、対象生徒の学校全体での避難訓練時における行動の推移を示したものである。学校全体での避難訓練については、実施回数が少なく、その間、学級での実践を多く積んでいることもあり、図1のようになることは十分予想できることではあるが、不適応行動が大きく減り適正行動が大きく増加していることを見れば、今回の実践が避難の際の行動につながったことは十分示唆されるところである。

今までに経験したことのない津波という

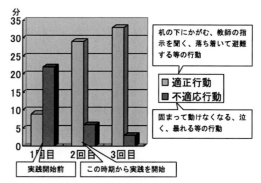
図1　学校全体での避難訓練時における行動の推移

ものをできるだけ正確にイメージするには、ただ映像を観るだけでは不十分であり、漠然とした恐怖のイメージだけを大きくしてしまうことがあった。「KiZuKi」や「Skitch」といったアプリを使うことで注目すべきポイント等を明確に示すことができ、生徒からたくさんの気づきを引き出すことができた。また、プレゼンテーションアプリ「Keynote」は、画像だけでなく動画を取り組むことができ、様々なトランジション効果もあるため、情報を整理したり記憶を定着させたりする上で効果的だった。「Google Earth」や「避難所検索」といったアプリは、実際の建物や道路を表示することができるため、生徒がより実際の場面をイメージしやすかったと考えられる。食品に含まれるアレルギー物質やカロリーを表示することができる「アレルギーチェッカー」も、被災した際の生活をイメージするのに役立った。モデリングのためのアプリ「まねるんです」は、簡単な操作で何度も再生ができたり、タイトルを読み上げてくれたりといった特長があり、地震津波の際に取るべき基本的な行動の獲得に効果があった。

4．今後の課題

　今回の実践を行ってから対象生徒には大きな変化が見られた。避難訓練の際に落ち着いて避難ができるようになり、学校生活全般においても以前より意欲的に活動する場面が増えたように感じる。細かい成功体験の積み重ねが生徒の自信、意欲につながったと感じている。その小さな成功体験を支えるものが「分かる」授業、支援である。本実践は、その「分かる」授業、支援を行う上で、iPad等の活用の有効性が示唆されるものだった。同時に、タブレット等の画面上の情報だけでなく、その情報を実際の体験と結び付けることの重要性を強く感じた。さらに、教師が生徒に「分かりやすく」提示する手段の一つとしてのiPadの活用だけでなく、生徒が自分で使えるツールの一つとしてiPadを活用できれば、より発展した学習を行うことができ、子供たちの自立や社会参加つなげられると考える。この点については、今後の私自身の専門性向上のテーマとして取り組んでいきたい。

　本実践は、災害への理解と災害の際の基本的な行動の獲得には、一定の成果があった。しかし、災害はいつどのような状況で起こるか分からないため、「どう行動すべきか」ということも状況によって異なる。今回得られた成果を基礎として、より発展させていく必要があると考える。具体的には、登下校の際の移動中や放課後支援施設の利用中等、様々な場面を想定した訓練や準備が必要であると考える。

＜引用・参考文献＞
全国特別支援教育推進連盟（2012）『障害児・者のいのちを守る—安全安心な場を創ろう—』ジアース教育新社
片田敏孝（2011）『3.11が教えてくれた防災の本』かもがわ出版
金森克浩（2013）『教材＆アイディア100連発』エンパワメント研究所
中邑賢龍（2015）『学校の中のハイブリッドキッズたち』こころリソースブック出版会

この本を出版するにあたり、多くの学校の先生方から、優れた事例を提供していただきました。
以下は、残念ながら紙面の都合で掲載できなかった先生方の事例です。

＊敬称略

学校名・事例提供者名	対象学部・学年 教科等	使用するICT機器	単元名・題材名
秋田県立栗田支援学校 橋本 基	小学部6年 国語	タブレット端末（iPad）	自分の名前を漢字で書こう
和歌山県立たちばな支援学校 金川 真理子	小学部1年 国語	パソコン、大型テレビ	ひらがなの読みを覚えよう
秋田県立栗田支援学校 佐藤 瑞枝	高等部2年 数学	タブレット端末（iPad）	数はいくつ？／数の大小（どちらが多い）
東京都立板橋特別支援学校	高等部 保健体育	PC、プロジェクター	コーディネーション トレーニング「体を支える運動」
北海道稚内養護学校 松浦 孝寿、和田 大志	高等部2年 総合的な学習の時間	iPad	職場実習（特設実習）「窓清掃」
宮城県立光明支援学校 岩淵 友宣	小・中学部 特別活動	PC（PP）、スクリーン、プロジェクター（タブレット型PC）	入学式
青森県立森田養護学校 本多 秀則	小学部6年 自立活動	iPadmini	平仮名で入力しよう
岐阜県立可茂特別支援学校 松浦 祐介	小学部5年 自立活動	iPad、視覚情報パネル（校内壁埋め込み型電子掲示板）	楽しいことをみんなに伝えよう
岡山県健康の森学園支援学校 石原 洋重	小学部4年 生活単元学習	iPad	はたらくをしろう（事業所でのラスク作り）
東京都杉並区立済美養護学校 松尾 尚城	中学部1・2年 生活単元学習	iPad、大型モニター	移動教室に行こう！「焼きプリン作り」
秋田県立栗田支援学校 銭谷 寿	高等部2年 日常生活の指導	タブレット端末（iPad）	朝の活動（静かにしよう／約束を守ろう／一人でやってみよう）
大阪教育大学附属特別支援学校 何山 和子	高等部1～3年 自立活動、美術	iPad	教材支援アプリ「Omelet」
長崎県立島原特別支援学校 永田 芳弘他	高等部訪問学級 日常生活の指導 特別活動	PC、大型ビデオ、ビデオ通話（スカイプ）ソフト、ハンズフリースピーカーフォン	日常生活の指導（朝の会、帰りの会）行事の事前指導

第2部　実践編

22　小学部　自立活動

タブレット端末を使用したSST「気持ちの伝え方」

愛知県立みあい特別支援学校　教諭　**近藤 友樹**

教科・領域名	自立活動
対象学部・学年	小学部第6学年
単元名・題材名	「気持ちの伝え方」

使用機器及びアプリの名称とその特長

iPad	・搭載ボタンが少なく、画面に触れた際の反応がなめらかで、さらにアクセシビリティ機能が充実しているため、児童が学習で使用するのに適している。
「Keynote」(Apple)	・iPadに無料でインストールできるプレゼンテーション作成アプリ ・分かりやすい操作性で、プレゼンテーションの作成が容易である。 ・動画を貼り付けることができ、豊富なアニメーション効果も内蔵されている。

使用機器及びアプリの選定理由

　児童A（小学部6年生・知的障害）は、大人とのかかわりが好きで簡単な会話ができるが、発語が不明瞭で自信がもてず、話すのをためらうことがある。また、複雑な言語指示の理解は難しい。思いが通らないことや受け入れられないことがあると、大声を上げたり泣き叫んだりすることが多い。適切な「気持ちの伝え方」を身に付けることで、感情のコントロール力が向上すると考え、ソーシャル・スキル・トレーニング（SST）を行うことにした。

　また、Aは読字が苦手なため、絵や動画などを用いた指導が効果的と考え、iPadを利用することにした。また、動画だけでなくアニメーションや音を付けることでAがより意欲的に学習できると考え、アプリ「Keynote」で教材を作成した。

1．指導の内容

(1) ねらい
カードを使って教師に気持ちを伝える。

(2) 指導期間
2か月間　毎日10分間

(3) 人数・学級構成
対象：児童A（小学部6年生・学級数1・在籍6名）

(4) 展開
　SSTは、1時間目に行っている自立活動の授業で、教師と一対一で行う個別の指導として毎日10分間実施した。まず、iPadのアプリ「Keynote」で作成した「不適切な気持ちの伝え方」と「適切な気持ちの伝え方」の動画を視聴した。動画を見てAは、やりたいことや嫌なことがあるときには大声を出したり泣き叫んだりするのではなく、気持ちカードを教師に手渡して伝えればよいことを学んだ。その後、再度動画を視聴しながら、その動画内の人物の気持ちの伝え方は適切かどうかを答えたり、状況に合ったカードを教師に手渡して気持ちを伝えるロールプレイをしたりした。そして日常生活の場面では、Aが大声を出したり泣き叫んだりしそうな場面で、気持ちカードを指差してカードを使うことを促した（図1）。

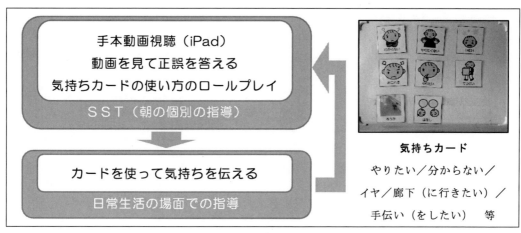

図1　Aの学習の流れ

2．指導上の工夫

　SSTで使用した「Keynote」のスライドは、図2のような構成で作成した。Aは、苦手なことや一度失敗してしまったことに取り組むときは、そうでないことに比べ極端に自己肯定感が低くなり、失敗を恐れ、自信がもてなくなる傾向がある。そこで、不適切な例としてAを撮影するのではなく、教師が演じて動画を撮影することにした。Aの反応に合わせて同じページを連続で提示したり、すでに見せた動画を再度見せたりして学習の定着を

図った。その際には、「Keynote」の画面左部をスワイプ（指で画面を押して一定方向にすべらせる）すると出現するスライド一覧表示機能を使ったことで、学習のリズムを妨げること無く、目的のページを提示することができた。また、Aがより興味をもって意欲的に学習に取り組むことや適切・不適切が分かりやすくなることをねらって、それぞれの動画にアニメーションや効果音をつけた〇と×を提示した。日常生活の場面では、Aがいつでも使える位置に気持ちカードを置いておいた。

また、気持ちカードを使用すると自分の気持ちが教師に伝わり、結果として良いことが起こるという成功体験を積むことでカードの使用が強化されるよう配慮した。まず、Aが気持ちカードを使用して教師に気持ち（やりたいこと）を伝えてきた際には、基本的にすべてを許可した。そして、カードの使用が定着してきた頃から徐々に内容や状況に応じて理由を説明して要求を断る交渉を取り入れた。

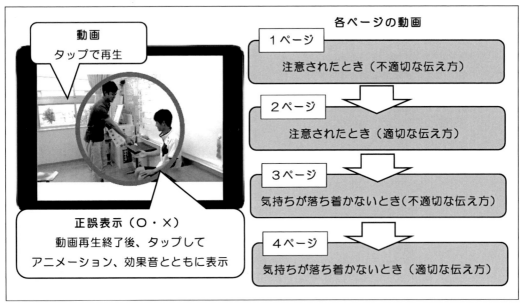

図2　「Keynote」の構成と工夫

3．指導の効果

(1) 結果

実践の結果、Aはやりたいことや嫌なことがあると気持ちカードを持ってきて教師に伝えられるようになった。また、最終的にはカードを使わなくても教師にやりたいことを伝えられるようになってきた。実践期間のAが大声を出したり泣き叫んだりした回数の変容は、図3のとおりである。実践を始めた6月11日から実践を終了した7月9日までの間に大声を出したり泣き叫んだりした回数は、平均4.7回と調査期間（平均10.8回）と比べ大きく減り、半分以下となった。

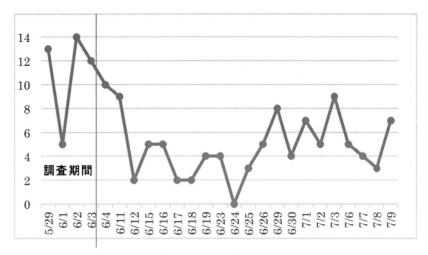

図3　実践期間中にAが語調を荒げた回数

（2）考察

　今回の実践では、Aは大声を出したり泣き叫んだりする回数が大幅に減った。これは今まで発語に自信がなく主体的に教師に自分の気持ちを伝えることや、教師とやりとりする機会や経験が少なかったAが、SSTを通して、大声を出したり泣き叫んだりしなくても自分の気持ちが教師に伝わることを学習できたからだと言える。また、上記のような成果が得られたのは、SSTの指導場面や指導方法がAの実態に合っていたからだと言える。Aは個別の指導に意欲的に、集中して取り組んでいた。それは大人とのかかわりが好きなAにとって、一対一での指導が学習に取り組む意欲を高めたからだ。また、テレビやスクリーンではなく、机上で使用するのにちょうど良いサイズのiPadで、アニメーションや効果音を付けてテンポよく動画を提示したことで、Aは動画に注目し、集中して取り組むことができた。さらに、言語による指導のみでなく、視覚的に分かりやすいよう動画を提示したことや、Aが不適切な行動をとったときに指導するのではなく、落ち着いているときに継続して指導したことも理解の手助けになった。このように児童の実態に合わせた指導が大きな成果につながったと言える。

4．今後の課題

　今回の実践で動画提示によるSSTが有用であることが分かった。Aの状態に合わせて今後も定期的に行っていきたい。また、「Keynote」のインタラクティブリンクやiPadのアクセスガイドといった機能を使ってAが一人で学習できるように教材を調整したり、動画の種類を増やしたりすることを考えたい。そして、Aが主体的に気持ちを伝えられる場面が増えるよう支援していきたい。また、本校で同じような事例があった際に同様のSSTが行えるよう、動画や教材のファイルのデータバンクを作成しようと考えている。ICT機器がすべての教師の有用なツールの一つになるよう尽力していきたい。

第 2 部　実践編

23　小学部・中学部　自立活動

重度重複障害児へのICTを活用したコミュニケーション指導

鹿児島県立桜丘養護学校　教諭　**松元　泰英**

教科・領域名	自立活動
対象学部・学年	小学部・中学部
単元名・題材名	コミュニケーション中心の内容

使用機器及びアプリの名称とその特長

「太鼓の達人」 (BANDAI NAMCO Entertainment Inc.)	・リズムに合わせてタブレット端末をタッチする音楽ゲームで、様々な音楽を選択することができ、リズム感や上肢の巧緻性を向上できる。
「あそベビー」 (WAO CORPORATION)	・タッチするだけの入力で、簡単な日常生活を体験できるアプリ ・タッチで使えるため、外部スイッチからのiPad操作が可能
「絵本作成ソフト」	・パソコン用絵本作成ソフトであり、音声も入力できるため、画像に音を加えた楽しい絵本を作成できる。
「iMusic」 (Yibo Mao)	・iPadをタッチすることで、画像を再生や停止にすることができるソフト ・外部スイッチからのiPad操作が可能

A児　iPad及び「太鼓の達人」　　　　B児　iPad及び「あそベビー」
C児　パソコン及び「絵本作成ソフト」　D児　iPad及び「iMusic」

使用機器及びアプリの選定理由

　A児は、「戦隊シリーズ（レンジャーシリーズ）」の音楽が大好きであり、リズムに合わせて上肢を振る動きができる。このことを活用するため、「戦隊シリーズ」の入った「太鼓の達人」のアプリを使用した。
　「あそベビー」の「めだまやきじゅー」は決められた時間内に入力しないと目玉焼きが上手に焼けない。B児は目玉焼きを上手に焼こうと頑張るため、このアプリを活用した。
　C児は、「でこぼこフレンズ」が大好きであり,自分で「でこぼこフレンズ」を操作できるように作成可能な「絵本作成ソフト」を活用した。
　D児には、大好きな音楽動画（アナと雪の女王）の再生と停止を自分の動きで操作できる「iMusic」を活用した。

23　小学部・中学部　自立活動

１．指導内容
（１）ねらい
　昨今、本校でも、全国の特別支援学校と同様に、子供の障害は重度・重複化、多様化してきている。このような子供の実態に応じた適切な指導が大きな課題である。
　ところで、近年、パソコンやiPadを中心としたICT機器の発展には目を見張るものがある。これらをうまく活用することで、重度・重複化、多様化した障害を有する子供にもそれぞれのニーズに即した教育を提供できる可能性がでてきた。特に、iPadは多くのアプリを有し、本校の子供の興味・関心を喚起するものも少なくない。そのため、外部スイッチを工夫して、子供自らがこれらのアプリを動かすことで成就感を高め、さらに手指の巧緻性や粗大運動の発達を促すことができると考えた。

（２）指導期間
　６か月間
　それぞれの子供の時間割を基に、主に自立活動の時間帯を中心としながら、学校の教育活動全体を通して行った。

（３）人数・学級構成
　重複学級在籍の児童・生徒４名（小学部１年生、３年生２人、中学部２年生）

（４）展開
A児：本児は、常に、仰臥位かストレッチャーで過ごしている。頸椎の障害のため、寝返り等はできないが、手首や上肢の意図的な動きはある程度可能である。しかし、指先の微細な動きは難しい。また、本児は認知は高いが、今までの入院生活が長く学習空白が大きい。そこで、「太鼓の達人」を活用し、学習意欲を高めながら、リズムに合わせて上肢を意図的に動かすことを目標とした学習を展開した。

B児：本児は、認知が高く、入力とアプリの変化の因果関係は理解している。しかし、不随意的な動きが強く、意図的な行動では筋緊張が強くなり、動きが目的行動から逸脱してしまう。そこで、「あそベビー」を活用し、短い時間で、上肢の動きで入力スイッチを押せることを目標とした学習を展開した。

C児：本児は、脳性まひのアテトーゼ型で不随意的な動きが強い。しかし、眼球や瞬きは意図して動かすことが可能である。そこで、入力として本児の瞬きを活用し、パソコン画面上で大好きな「でこぼこフレンズ」が動くように設定した。そのことで、本児が、瞬きでの入力と「でこぼこフレンズ」の動きとの因果関係に気づくことを目標とした学習を展開できた。

D児：本児は、日常、仰臥位か座位保持椅子で過ごしており、脳性まひの低緊張型である。動きとしては、前腕の動きが可能である。入力スイッチで音楽動画の再生や停止を行うことで、本児が、上肢での入力動作と音楽動画の動きとの因果関係に気づくことを目標とした学習を展開した。

2．指導上の工夫

A児：頸椎の障害のため、姿勢を変換することが困難である。そこで、本児が見やすい角度にiPadを提示するために、入力装置固定具である「iデバイスアジャスタブルユニバーサルアームタイプ」を活用した。また、「太鼓の達人」のアプリの場合、リズムに合わせて、素早く入力する必要がある。本児の場合、仰臥位で体に近いところだと、手のすばやい動きが見られる。そこで、手の最も動かしやすい場所に、「ポイントタッチスイッチ」を設定した。

B児：強い不随意運動のため、短い時間で、意図的に動ける身体の箇所が変化する。そのため、1時間の授業の間、入力スイッチの位置を変えながら、本児の意図的な動きを拾っている。本児の場合、スイッチの位置を変えていかなければならないため、無線でiPadのiOSを操作できるBluetoothスイッチインターフェイスである「できiPad」を使いiPadを動かした。

C児：瞬きでパソコンソフトを作動させるために、「光ファイバースイッチ」で瞬きを感知し、自作教材を動かした。具体的には、「光ファイバースイッチ」をめがねに装着し、マウスを改造した自作の「マウススイッチ」と接続させた。

D児：「iMusic」の音楽動画の再生アイコンに「iPadタッチャー」を取り付け、その「iPadタッチャー」に入力スイッチとして「ビッグスイッチ」を接続した。

3．指導の効果

　対象の4名とも、主体的にパソコンやタブレットのアプリを入力スイッチを介在して動かすことが可能となった。今まで、4名の子供は、制限された可動域、強い不随意運動等のために、主体的にパソコン等を操作することはできなかった。今回の実践で、自分で大好きなアプリを動かせた経験は大きな成就感をもたらしたと考える。

　特に、高い認知を有するA児やB児の場合、自分自身でアプリを動かせた喜びはとても大きく、A児の場合、楽しすぎて1時間でやめようとすると「まだ、やりたい」と嫌がる様子が見られた。また、B児は、入力スイッチを押すのに、筋緊張が強くなるため、1時間の授業で、全身汗だくになっていた。

　一方、C児とD児の場合、実施期間中では、意図して入力しているのか分からない場面もみられた。この子供たちの場合、持っている動きを活用し入力スイッチを作動させる。結果として、パソコン等が動き、その動きと子供自身の動きとの因果関係を気づかせていくことが目標となる。つまり、子供の持っている動きを個に応じたスイッチでとらえ、その動きに対する外界の変化（パソコンやアプリの変化）を繰り返し提示することで、図1のような関係が形成できると考えている。そのことが、将来的には、コミュニケーションの基礎を構築していくと思う。実際、D児の場合には、毎日の朝の会や帰りの会の進行を入力スイッチを活用して数年間取り組んできたことで、「入力スイッチを押す ⇨ CDラジカ

23 小学部・中学部 自立活動

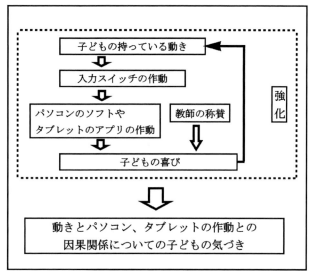

（入力スイッチやスイッチインターフェイス等については、公益財団法人ちゅうでん教育振興財団の「第14回ちゅうでん教育振興助成金」で購入した）

図1 動きと外界の変化に対する因果関係の気づきの構図

セ作動 ⇨ 会の進行 ⇨ 教師の賞賛」の因果関係に気づいている様子が見られる。

4．今後の課題

　今後、パソコン、タブレットの業界はますます発展していくことは疑う余地もないことである。それに伴って、ALSなどの疾病を有する成人向けまたは子供の成長を促す有効なアプリが登場してくると思われる。意図的な動きにより入力スイッチを操作しているA児やB児の場合には、現在から、パソコンやタブレットを活用していくことで、将来のICTを活用した生活に柔軟に対応できる力を育成している。

　一方、C児とD児の場合には、コミュニケーションの基盤づくりとして、この実践を行った。iPadの場合には、豊富なアプリがあり、個々の子供により適したアプリを活用することで、入力スイッチと外界（パソコン、タブレット端末、教師の称賛）の変化との因果関係を構築することも可能だと考える。しかし、課題として、障害のさらに重度な子供の場合、入力した後の外界の変化が、子供にとって強化子になるのかを判断するのが難しい。C児やD児の場合、笑顔などの明確な変容があったので判断は可能であったが、さらに障害が重度な子供の場合、判断に戸惑うこともある。つまり、パソコンやタブレット端末の変化が、実は子供たちには強化子になっていないかもしれないということである。この場合には、いつまで経っても、入力と外界の変化との因果関係に対する気づきは確立しない。この課題は、重度化した子供たちを教育していく特別支援教育の今後の大きな課題の一つになる。

第2部 実践編

24 中学部 自立活動

携帯情報端末を使用した自立活動「4色ブロック」の実践

愛知県立みあい特別支援学校　教諭　**小田 祐輔**

教科・領域名	自立活動
対象学部・学年	中学部第2学年
単元名・題材名	「4色ブロック」（第1時限・個別の課題学習）

使用機器及びアプリの名称とその特長

iPod touch	・Apple社製の携帯情報端末 ・小型で音声出力ができ、カメラ機能付きで操作も容易である。
「絵カード・コミュニケーション」(Noriya Kobayashi)	・絵カードを並べて提示することで相手に言いたいことを伝えられるアプリ ・二語文以上の文章を作ったり、音声を再生したりできる。
「ねぇ、きいて。」(Toriken)	・絵カードを選択して提示することで相手に言いたいことを伝えられるアプリ ・最初から登録されている絵カードが豊富である。 ・一つのアイコンを選択すれば自動的に二語文で表現してくれるものもある。

使用機器及びアプリの選定理由

　生徒Aは知的障害を伴う自閉症である。発語はなく、文字の読み書きなどは難しいが、絵カードや教師の簡単な言葉での指示を理解することができる。iPod touchを携帯しているが、使う場面は排せつと遊び場へ行きたいときだけであった。そこで、iPod touchを使った表現の多様化をねらい、Aが日々使っているコミュニケーションアプリの活用方法を広げていくことにした。「絵カード・コミュニケーション」のアプリは絵カードの登録が簡単である。また、絵カードを組み合わせることで「〇〇ください」のような二語文が作れる。教師と一対一で課題に取り組み、ブロックを教師に要求するやりとりを通して、生活場面でも要求を伝えられるとよいと考え、実践した。

24 中学部 自立活動

1．指導の内容

（1）ねらい
- iPod touchを使用した自発的なコミュニケーション力の幅を広げる。
- 自分の思いを伝え、落ち着いて行動する。

（2）指導期間
通年

（3）人数・学級構成
対象：生徒A（自閉症）

（4）展　開

＜実践の準備＞
- 「あか」「あお」「きいろ」「みどり」4色の一辺3cmの立体ブロックと見本カード、ブロック入れを用意した。
- 「絵カード・コミュニケーション」アプリに「あか」「あお」「きいろ」「みどり」の4色のブロックの絵カードと、「ください」の絵カードを登録した。
- 自立活動の時間にAが個別の課題学習をする時間を設定し、教師と一対一で取り組める環境を設定した。

＜第Ⅰ期＞（一人で課題を完成させ、報告する）
- まずは、10個のブロックを見本カードと同じ色の配列に並べる課題（図1）を行った。
- 課題が完成したら、アプリ「ねぇ、きいて。」を立ち上げて「できました」の絵カードをタップし、報告を行うようにした。

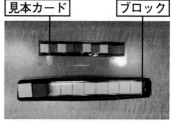

図1　10個のブロック並べ

＜第Ⅱ期＞（対面の教師に必要なブロックを要求する）
- 教師とAが向かい合い、教師は4色のブロックを手元に置く。Aは、iPod touchの「絵カード・コミュニケーション」を使って必要な色のブロックを順に伝え、教師からブロックを受け取り、課題を完成させた。
- アプリの中で、4色の絵カードから必要な色の絵カード1枚と、「ください」の絵カードを選び（図2）、二語文で教師に伝えられたらブロックを受け取る練習をした。

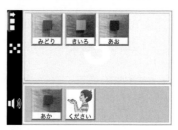

図2　「絵カード・コミュニケーション」

＜第Ⅲ期＞（離れた場所にいる教師に足りないブロックを要求する）
- ブロックパズル課題（図3）に取り組んだ。そのままではブロックの数が足りない状態でセットしてあ

図3　ブロックパズル課題

るパズルで、見本を見ながらブロックを並べ、足りない色のブロックをiPod touchで教師に「ください」と要求する実践を行った。
- 教師と向かい合って課題に取り組み、iPod touchで必要なブロックを伝えていたが、徐々に教師がAから離れた場所にいる状況で課題に取り組むことにした。

2．指導上の工夫

- iPod touchの操作で絵カード読み上げボタンを連打する癖があり、報告の途中で音声が途切れてしまう。そこで、操作の手本を見せながらボタンを1回押したら待つ練習を繰り返し行った。
- Aが欲しい色のブロックをiPod touchで絵カードを提示して教師に伝える方法を、立場を逆転し教師がiPod touchを使って欲しい色のブロックをAに伝えて受け取る学習を行い、伝えるプロセスの理解を深めていった（図4）。
- 教師がそばにいなくても、自分から教師に欲しい色のブロックをiPod touchで伝えに行けるよう、人に伝えることを強く意味づけするために、教師がいる場所を徐々にAから離すことにした。はじめはAに言葉かけしながら、教師の目の前に移動して伝える練習を繰り返し行った（図5）。

図4　iPod touchで伝える様子

図5　教師に伝えに行く様子

- 自立活動の時間内に課題が終わった後でAの好きな活動ができる時間を設定した。その際、余暇活動の選択を、「絵カード・コミュニケーション」を使用して伝えるようにした。
- Aが複数の指導者とかかわる力を身に付けられるように、Aの指導に対して担当者を固定して取り組むのではなく、意識的に代えて指導に当たるようにした。

3．指導の効果

- パズル課題で、「絵カード・コミュニケーション」を使って、不足している色のブロックを「あか」「ください」などと、2枚の絵カードを選択して教師に正確に伝えられるようになった。欲しい色のブロックを伝えられるとすぐに受け取れたこと、教師が生徒役に代わり、立場を変えたことが手本となり、Aの理解が深まったことが行動に繋がったと考えられる。ただ、教師が生徒役に変わった際に、本アプリを提示せずに言葉だけで「あか、ください」と二語文で伝えたところ、Aは正しい色のブロックを教師に渡せられなかった。このことから、Aは言葉に加えて絵カード（ブロックの実物写真）を頼りにしており、絵カード（写真含む）追加機能がある本アプリを使用していることが大変有効であったと言える。

・「絵カード・コミュニケーション」に余暇活動の絵カード（バランスボール、折り紙など）を設定しておき、本アプリを使って余暇の選択をするようにしたところ、課題終了後や昼休みの余暇活動として本アプリを教師に提示して「折り紙」「ください」と伝えられるようになってきた。伝えると必ずそれが叶うというAの成功体験を積み重ねることで、Aが本アプリを使って伝えたい気持ちが高まったと言える。

・教師が生徒と役割を交代して行うことと並行して、パズル課題に、一緒に取り組む教師も少しずつ担当を交代した。担当者を一定期間で交代することで、パズル課題に新しい教師と取り組んでも、アプリを使って欲しい色ブロックを要求したり、課題終了の報告をしたりするようになった。さらに、「絵カード・コミュニケーション」を使ってAが余暇活動やトイレへ行く合図を伝える際に、教室にいる他の教師や、廊下等にいる教師にも伝えられるようになってきた。本アプリの使いやすさ、絵カードの設定の容易さもAの伝えたい気持ちを後押ししているのではないかと考える。

4．今後の課題

（1）実践を通した生徒の変化

実践前では、担任教師にしかiPod touchを使って伝えられなかったが、いつでも、どこでも、だれにでもアプリを使ってコミュニケーションをとることができるようになった。また、一日の生活の中でAがiPod touchを使ってコミュニケーションをとる回数も増えた。Aは学校生活の中で、嫌なことがあったときには友達に手を出したり、両手を激しくたたいたりすることもあったが、実践後ではそうした行動も減った。伝える、伝わる経験を繰り返してきたことで、思いが相手に伝わる安心感、伝えられる満足感から、精神面の安定に繋がる要因の一つとなったのではないかと考える。

（2）課題と今後の展開

欲しいものの要求はできるようになったが、困ったときの援助の要請の仕方はまだ学習していない。そこで、歯磨きの仕上げ磨きや掃除で長机を運ぶ場面などで、「ねぇ、きいて。」を使って「手伝って」と相手に伝える練習をしている。まずは「手伝って」の絵カードを提示すれば援助が受けられるということが理解できるようにしていき、その後、一人では解決できない場面を設定した課題を用意して、援助の要請ができるようにしていきたい。

（3）実践を振り返って

iPod touchを使えば、豊富なアプリの中から、生徒のニーズに合ったものをすぐに導入できる。現在Aは、絵カードのスケジュールを活用している。今後は、最初の段階として、To Doアプリ「はなまる」（Toriken）のスケジュール機能を使ったスケジュール管理を覚え、学校以外の場面でも使用できるように般化させていくことなどが考えられる。今回の実践で使用した「ねぇ、きいて。」や「絵カード・コミュニケーション」以外にも教育の実践に有効なアプリが多く存在するため、生徒が利用するICT機器の中心として今後も活用していきたい。

第2部 実践編

25 高等部　自立活動

VOCAアプリを用いた
コミュニケーション指導

東京都立葛飾特別支援学校　主任教諭　平澤 庄吾

教科・領域名	自立活動
対象学部・学年	高等部第1学年
単元名・題材名	コミュニケーション指導

使用機器及びアプリの名称とその特長

iPad	・起動する時間が短く、使いたいときにすぐ使うことができる。 ・タップして操作するため、直接的で分かりやすい。
「SoundingBoard」 (AbleNet)	・VOCA（Voice Output Communication Aids：音声出力会話補助装置）アプリ ・写真やイラストなどをタップすることで音声が出力されるので、発語のない人でも音声により自分の意思を伝えられる。 ・1～20ボタンのVOCAを自分で作ることができる。
ドロップキット「つくるんです」 (Kazuhisa Yamamoto)	・シンボルを写真として保存・活用できるほか、シンボル同士や写真アプリの画像などを組み合わせて、新しいシンボルを作成することができる。

使用機器及びアプリの選定理由

　対象の生徒は、発語のない自閉症の生徒である。自分にとって苦手な状況・場面や行事などの影響で普段と違う場合においてパニックになったり、自分の思いを周囲にうまく伝えることができずに、その場から突然歩き出したりしてしまうことがある。そこで、写真やイラストを選択することで意思を表出できること、文字も表記できるため文字とイラストの一致ができるようになること、そして無料のアプリであるため家庭にも金銭的な負担をかけることなくダウンロードができることを理由に「SoundingBoard」を選定した。また、iPadを所有している家庭も多いので、家庭に協力して取り組んでもらえ、卒業後も活用できると考えて選定した。

1．指導の内容

（1）ねらい
- VOCAを使うことの楽しさや便利さを知る。
- 自分の要求や意思を表出することができるようになる。
- 落ち着いて学校生活を送ることができるようになる。

（2）活用場面
　生徒が選択する場面や周囲に知らせる場面において使用した。以下に実際の使用画面をいくつか示す。

① やりたいことの選択（「よむ」と「あるく」）

　休み時間などに生徒がリラックスしたり、気分転換したりするための活動を相手に伝える。

② 号令（「きりつ」、「きをつけ」、「れい」、「ちゃくせき」）

　朝の会や帰りの会の司会、授業の開始や終わりの挨拶のときに、生徒が自分で号令をかける。

③ 場所の選択（「きょうしつ」、「としょしつ」、「トイレ」、「こういしつ」）

　授業中や休み時間などに、行きたい場所を相手に伝える。

④ 授業の選択（「がくしゅう」、「おんがく」、「びじゅつ」、「たいいく」、「かてい」、「さぎょう」）

　「楽しかった授業」または「頑張った授業」を帰りの会に、みんなの前で発表する。

2．指導上の工夫

(1) VOCAを使うことの良さを知るために

　自分のやりたいことや行きたい場所などをなかなか伝えられないために、直接行動に移してしまい、トラブルになってしまうことがある。生徒本人がなぜそのような行動をとるのかを相手に伝えることができると、お互いに安心して生活を送ることができる。

　生徒本人がVOCAを使うことの良さを知るために、生徒がVOCAを使って伝えようとしたときには、その思いを受け入れ、認めるようにした。こちらの思い伝えるためのツールとせずに、生徒が自分の思いを伝えるためのツールであることを常に念頭において、指導に当たった。

(2) VOCAを使うことの楽しさを知るために

　先に述べた「1．指導の内容　②号令」は、生徒が自分で号令をかけるために準備したものである。ただ、「きりつ」や「れい」などのイラストにタップすることで周囲の人たちが立ち上がったり、姿勢を正したりするなど、周囲の状況が変化することでVOCAを使うことの楽しさを実感できるようにした。

(3) ドロップキット「つくるんです」の利用

　本コミュニケーション指導では、ドロップレット・プロジェクトが開発・デザインしたシンボルであるドロップスを用いている。ドロップスを「SoundingBoard」に入れるときに使用しているアプリは『ドロップキット「つくるんです」』である。このアプリは、ドロップスのシンボルを写真として保存したり、ドロップスのシンボル同士や写真アプリの画像などを組み合わせて、新たなシンボルを作ったりすることができる。

　例えば、「着る」と「脱ぐ」のシンボルを組み合わせて「着替える」というシンボルを作ることができる（下図参照）。

3．指導の効果

　対象の生徒は、年度当初、自分のやりたいこと、やりたくないことが伝えられず、パニックになったり、突然どこかへ向かって歩き出したりすることが非常に多かった。しかし、自分の意思を表出できる手段を得たことで、少しずつではあるが、そのような行動が減り、落ち着いて学校生活を送れるようになってきた。

　また、授業の号令は「自分が号令をかけるんだ」という責任感を感じとることができた。そして、号令をかけた後には、自分の役割を果たせたという達成感のある表情を見ることができた。

4．今後の課題

　生徒は、段々と落ち着いて過ごすことができるようになってきたが、パニックになってしまったり、突然教室から出て行ってしまったりすることがまだまだある。その要因としては、自分の意思が伝えられないこと以外にも、活動に見通しがもてないこと、いつもと違うこと、体の調子が悪いことなど様々なことが考えられる。

　生徒が少しでも落ち着いて過ごせるように、予定表を示したり、変更がある場合には事前に知らせたりするなど、あらかじめ準備をすることを今後も継続して行う必要がある。その上で、コミュニケーション指導における今後の課題として、生徒が何を伝えたいのかということを把握して、それを伝えられるような手立てを準備することである。また、生徒自身が体の不調などを訴えられるように、体の部位を示したVOCAを作成し、生徒が活用できるようにすることである。

　現在行っている指導も今後の課題として考えられる指導も、学校だけではなく家庭と連携することで、生徒がコミュニケーションをとる回数を大幅に増やすことができる。学校での取り組みを家庭に知らせて、家庭でもVOCAを用いた取り組みを行うなど、家庭と協力することが不可欠である。家庭との連携により、卒業後も施設や余暇活動において、iPadを用いたコミュニケーション活動につなげることができると考えている。

＜参考文献＞
中邑賢龍（1998）『AAC入門』こころリソースブック出版会

第2部 実践編

26 小学部　日常生活の指導

朝の会
～「デジタル連絡帳」アプリを使って、繋がろう！語ろう！認め合おう！～

京都教育大学附属特別支援学校　教諭　**中川 宣子**

教科・領域名	日常生活の指導「朝の会」
対象学部・学年	小学部第1学年・第2学年
単元名・題材名	朝の会「デジタル連絡帳」の時間

使用機器及びアプリの名称とその特長

ノートPC・タブレットPC	・学校ではノートPC、家庭ではタブレットPCを使用
テレビモニター	・映像を拡大して視聴できる。
「デジタル連絡帳」 （特別支援ICT研究会）	・家庭と学校を繋ぎ、日常的な子供の生活情報を共有するアプリケーション・システム ・保護者、教師が家庭・学校での子供の様子を、文字・写真・動画・音声・イラストによって、リアルタイムに送受信できる。 ・日々蓄積していく情報は一元管理でき、データ化した情報はいつでも閲覧可能で、情報活用できるシステムを備えている。 ・「デジタル連絡帳」アプリを活用することによって、家庭と学校が繋がり、教育支援連携活動を強化し、子供の成長・発達に貢献することができる。

使用機器及びアプリの選定理由

「連絡帳（紙）」は、主に保護者と教師間の連絡ツールとして多くの特別支援学校で活用されている。そこで今回、「連絡帳（紙）」を「デジタル連絡帳」アプリに替えることで、家庭生活・学校生活における子供情報が、写真や動画で可視化でき、日々送受信されるリアルタイムな子供情報を共有できるようにする。そして、この子供情報を教材として活用することにした。「デジタル連絡帳」アプリの画面に自分や友達の映像が映ることで子供たちの注意をひき、興味・関心を高め、コミュニケーション力向上を促進することができると考えた。

1．指導の内容

（1）ねらい

「デジタル連絡帳」アプリによる家庭・学校生活の子供情報を、教材として活用することにより、子供同士が繋がり、子供たちが主体的に語り合い、互いに分かり合い、認め合うことによって、学習意欲を高め、コミュニケーション力の向上を図る。

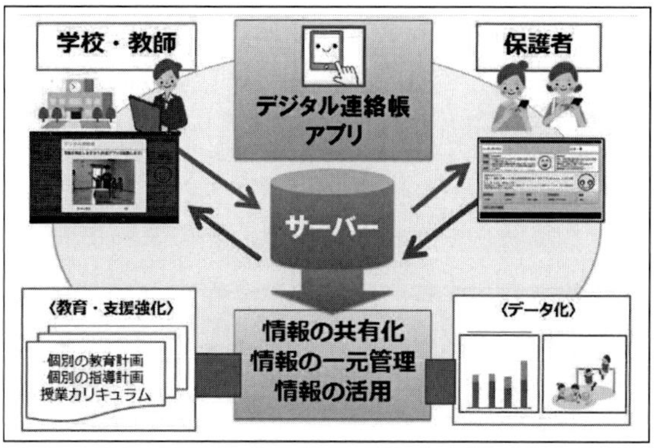

（2）指導期間

通年

（3）人数・学級構成

小学部1・2年生（複式学級）　6名

図1　デジタル連絡帳アプリケーション・システム

（4）展開

本校小学部の「朝の会」は、月曜日から金曜日までの毎朝1時間目に設定している。ここでは、子供一人ずつの名前・返事発表や、その日の時間割（予定）の確認をするやりとりを通じて、言葉や数の学習、またコミュニケーション力の育成を行っている。

この「朝の会」の中で、子供たちが家庭での様子を話題にして話し合うために、これまでは保護者による「紙の連絡帳」に書かれた内容、例えば「夕飯のハンバーグ作りのお手伝いをしました」という内容を、教師は口頭で子供たちに紹介していた。ところがこれでは、子供たちも教師もどのようなお手伝いの様子だったのかについて、想像の域を越えられず、理解し合うには限界があり、なかなか話が進まなかった。そこで、次のように「デジタル連絡帳」アプリを活用した（写真1、2）。

「お家を見よう！」という合図で、「デジタル連絡帳」アプリの画面を拡大してテレビモニターに映す。子供たちはテレビモニターの前に集合する。「今日は、誰から見ようかな？」と教師が声かけをする。すると子供たちから「はい！私から！」と手が挙がる。教師はAさんを選択し、Aさんの保護者から送信されてきた「デジタル連絡帳」の映像をテ

写真1　デジタル連絡帳アプリ画面1

写真2　デジタル連絡帳アプリ画面2

レビモニターに映す（写真3）。そして映像に合わせて教師は、保護者からのコメントを読み上げる。子供たちは映像に注目する。教師も子供たちも「上手！」「Aちゃん、すごいね」と言ったり、拍手をしたりしながらAさんの姿を認め合う場とする。順番に6名全員の「デジタル連絡帳」を視聴していく。教師も子供も同じ映像を見て、家庭での子供情報を共有しながらやりとりをすることによって、子供たちが主体的に発話や語り合いができる雰囲気を作りながら、授業を展開する。

写真3　ハンバーグ作りをしているAさん

2．指導上の工夫

子供が主体的に発話をする姿、例えば映像を映すと子供が席を立ちあがって画面を指さし語り始める姿（写真4）や、映像を見ながら「これ何？」と友達に質問し始める姿が現れた場合は、子供の自発的な姿を尊重し、発話内容に同調して、会話が続けられるよう促した。また教師も子供たちと同様に、映像を視聴して感じたことを伝えたり、積極的に褒めたり質問をするなど、手立てとして言葉を投げかけた。子供たちが気づかない点については、教師が映像を指さして子供

写真4　映像を指さして、「見て見て！」と語り始める姿

たちに示し、関心を深めて注目させ、子供たちの会話の促進を図るように指導工夫した。

3．指導の効果

子供たちは、「お家を見よう！」の合図で、自分からテレビモニターの前に椅子を持って来て集合するようになった（写真5）。これは「デジタル連絡帳」アプリを使用することによって、家庭から送信されてくる自分や友達の家庭生活情報に対して興味・関心が高まった姿である。

さらに子供たちは、自分の写真や動画がテレビモニターに映し出されると、立ち上がってその写真や動画に向かい、「見て見て！」と指さしをし、自ら語り始めるようになった（写真6）。これは今までにない主体的な発話の姿であった。たとえ言葉がまだ不十分であったとしても、その場で同じ映像を見ている子供たちも教師も、彼女（彼）が何を語ろうとしているかは十分に理解でき、共感することができるようになった。そして子供同士が家庭生活情報を共有・共感できると、「ハンバーグ、美味しかった？」と、共通の話題で、子供たち同士の会話が自然に見られるようになった。また、お手伝いや物づくり、水泳テストの合格など、子供自身が頑張った姿が映し出されると、「すごい！」「がんばったねー」と自然に発話が生じ、共感の拍手が起こった。今では家庭で「お母さん、写真撮っ

て！」と子供自ら要求する姿へと発展している。自分のことを伝えたいという気持ちの育ちは、コミュニケーション力の源である。まさにこれは、子供同士が繋がり、子供自身が主人公となり、互いに分かり合い、認め合うことによって、学習意欲や自尊心を高め、コミュニケーション力を向上する学習環境形成に、「デジタル連絡帳」アプリのICT活用が役立った事例である。

写真5　「お家を見よう！」の合図でテレビモニター前に集合

「デジタル連絡帳」アプリ活用の効果をまとめると、①家庭と学校がリアルタイムに言語・写真・動画によって繋がる、②日ごろ何気ない子供のしぐさの中に、保護者も教師も、子供の成長・発達の姿を意識し発見できるようになる、③子供の良いところさがし＝美点凝視が日常化し、毎日繰り返され習慣化する、④子供の生活情報は、子供の主体的な発話を促進し、子供同士が互いに認め合い、学習意欲、自尊心を高め、コミュニケーション力を向上する教材として活用でき

写真6　「見て見て！」と主体的な発話

る、⑤子供への美点凝視の積み重ねは、保護者と教師の信頼を高め、子供の成長・発達のための教育支援連携活動を強化するといえる。

4．今後の課題

今回のICTを活用した授業づくりは、小学部「朝の会」の授業の教材として、「デジタル連絡帳」アプリを活用した。この活用実践の成果は、家庭と学校が連携し、子供情報を共有することによって得られた。このように、子供たちの成長・発達は、家庭生活と学校生活が繋がり、保護者・教師・学校が三位一体となって連携・協力し、教育・支援していくところに教育効果が得られる。

今後、家庭と学校、また地域によるチーム支援・連携は、ますます重要視されると考えられ、子供情報の共有化やオープン化の必要性は加速度を増し、関係諸機関の連携強化が求められることとなるだろう。今回の授業実践で活用した「デジタル連絡帳」アプリによる教育支援連携活動が、一方では個人情報保護の原則をおさえながらも、情報オープン化への風穴を開け、子供の成長・発達を促進するための教育力・支援力の向上を促す働きの一つになっていくことを期待している。今後も、「デジタル連絡帳」アプリをはじめとするICTをフルに活用しながら、日々の子供の生活情報をもとにした家庭と学校による教育支援連携活動の強化をより一層はかり、子供たちの自立、社会参加を目指した成長・発達に大きく貢献していきたいと考えている。

第2部 実践編

27 小学部　日常生活の指導

主体的な行動を引き出すことを目指した実践

青森県立森田養護学校　教諭　**須藤 千代子**

教科・領域名	日常生活の指導
対象学部・学年	小学部第3学年
単元名・題材名	「そうじをしよう」

使用機器及びアプリの名称とその特長

iPad	・画面が大きく操作が容易である。
「Keynote」(Apple)	・プレゼンテーション等で使用するアプリ ・アニメーション機能がついているので、スライドに変化をつけることができる。 ・写真やビデオ、グラフ、吹き出し等を挿入できる。 ・画面をタップするだけでスライドを進めることができる。 ・スライドのページの増減や、順番の入れ替えが容易にできる。
「これなあに？」(Stylagy)	・身の回りのものの写真を取り込み、文字と音声と被写体とを一致させることができる。 ・画面上の文字は消すこともできる。 ・身近な人の声で録音でき、画面を軽くタップするだけで録音した音声が流れる。 ※代替アプリ「まねるんです。」：動画を取り込み、文字と音声で再生している動作を確認したり、スロー再生できる。

使用機器及びアプリの選定理由

　対象児童は、小学部3年生で知的障害のある自閉症である。教師の指示をある程度理解して行動することはできるが、常同行動をして指示を待っている場面が多い。教師からの言葉かけには、要求するときであっても、何をすればよいか分からないときであっても、決まった言葉を言ったり反響言語で返したりするだけである。また授業では、友達の行動を模倣して活動することがほとんどで、一見流れに沿って活動しているように見えるが、自分から話しかけたり進んで行動したりすることがないので、間違ったまま行動してしまうこともある。

　そこで清掃活動において、周囲の活動に惑わされることなく自分で清掃活動ができるよう、スライドの作成や操作が容易なアプリ「Keynote」で一連の活動の手順を示した。

　一方、コミュニケーションのときに活用したり、掃除用具の名称などを覚えたりするための支援ツールとして、国語の授業でアプリ「これなあに？」を使用した取り組みを行っている。

27 小学部 日常生活の指導

1．指導の内容

（1）ねらい
清掃を一人で手順に沿って行い、自分から進んで終了報告をすることができる。

（2）指導期間
通年

（3）学級構成
小学部1年生・3年生（対象児童） 計2名

（4）展開（対象児童のみ）

学習内容	指導の手立て・工夫	準備物
1　準備 ・iPadを自分の机に準備する。 ・「Keynote」を起動し、掃除の手順のプレゼンテーションをタップする。	・iPadを作業台に用意をしておく。 ・活動が停滞している場合は起動するように言葉かけをする。	・iPad
2　始めの挨拶 ・挨拶の後、iPadを作業台に置く。	・姿勢が崩れているとき、視線が合っていないときには直すように言葉かけをする。	
3　掃除 ・「Keynote」の手順に沿って、清掃活動をする。	・画面をタップして、次に活動を進めてよいのか迷っているときには促す。	・清掃用具一式 ・石鹸 ・コップ
4　手洗い、うがい ・石鹸で手を洗い、うがいをする。		
5　報告 ・指導者の側に行き、掃除が終わったことを報告する。 ・報告の後、iPadを自分の机に持っていく。	・指導者と目が合ってから報告をするように言葉かけをする。	
6　終わりの挨拶	・姿勢が崩れているとき、視線が合っていないときには直すように言葉かけをする。	

2．指導上の工夫

（1）iPadの操作に慣れる

対象児童は、前年度にもiPadを使用した学習に取り組んだが、一つ一つの操作で教師の指示が必要であるなど、操作そのものに手間取り、ねらっていた活動をスムーズに引き出すまでには至らなかった。

そこで、iPadの操作に慣れるための活動時間を設定した。目的の活動とは別に興味のあるアプリを使用した活動を設定することで、自分から自由に操作するようになり、目的の活動でもできるようになった。

操作に慣れるために使用していた主なアプリ

（2）iPadを操作して活動する

iPadに本人が分かる平仮名で順番に清掃の手順を入力しておき、それを自分から操作して、確認しながら一人で活動を進められるようにした。はじめは、次の活動へ移るときに同じ学級の児童がタップするよう促すことがあった。また、迷ったり分からなかったりしたときには、教師からの指示を待ち、自分から尋ねたり報告したりすることがなかった。活動を重ねるうちに援助が減り、教師への報告も確実に行うようになった。

「Keynote」の手順表の活用場面

（3）身の回りのものの名前の学習をする

「Keynote」を使用した手順表は、文字のみの表記にしている。この取り組みを他の活動でも応用できるようにするために、身の回りのものの名前を正確に覚え、相手とのコミュニケーションの中で活用できるようにしたいと考え、並行して、国語の時間に言葉の習得に取り組んでいる。

「これなあに？」の活用場面

新たに写真を入れたものはあらかじめ名前を表記したり、分からないものは画面をタップして音声で確認したりすることができるため、自信をもってプリントにものの名前を書き込んでいくことができた。

3．指導の効果

（1）iPad導入前

4月当初、清掃活動の手順はホワイトボードに書いたものを提示した。教師の指差しで対象児童が手順を確認するものの、同じ学級の1年生児童のあとに続いてすべて模倣して行動していたため、本来の目的の行動と関係ないこともすべて模倣してしまい、対象児童

は振り回されることがあった。対象児童から教師への要求や報告等の発信もなく、教師の指差しや言葉かけ等の支援が多いため、活動が受動的だった。

（2）iPad導入後

- iPadの操作に慣れたことで、教師の支援がなくても画面上の「Keynote」をタップして清掃活動の手順表を開くことが容易にできた。

導入前の清掃活動の様子

- 手順表に沿って活動を進めることができるように清掃区域を分担し、iPadを置く場所も定位置にしたことで、対象児童は、他児童の行動に左右されることがなくなり、1つの活動が終わると必ずその定位置に行き、次の活動を確認するという流れが定着していった。何か困ったり迷ったりしたときには、教師に「これは？」「ちがう？」など、対象児童から教師に問いかけるようになり、教師の促し等の支援が減った。

導入後の清掃活動の様子

- 床を掃く場所を分担したことで、他児童の行動に左右されることなく、手順表に沿って、一人で活動を進めることができるようになった。
- 「そうじをおわります」の画面になると、iPadを定位置から自分の机上に移動させ、その後教師の側に来て、「挨拶をします」と一連の活動が終了したことを報告できるようになった。

4．今後の課題

現在、対象児童は、iPadを使用せずに一人で清掃活動を進めることができている。本来のねらいを達成できたと考える。

導入後、アプリ「これなあに？」がApp storeで扱われていない時期があり、その代替として、「まねるんです。」（Kazuhisa Yamamoto）を使用して、2語文を組み立てる学習を行った。相手とのコミュニケーションの際、二語文で伝えることができるようになることをねらっている。今後は、さらに他の学習場面でもiPadを活用し、対象児童がより多くの相手と関わっていくことができるように支援していきたい。

「まねるんです。」を使った
学習の様子

「まねるんです。」

28 小学部　日常生活の指導

お楽しみタイム
「家庭用ゲーム機で体を動かそう！」

愛知県立半田特別支援学校　教諭　**相田　真**

教科・領域名	日常生活の指導
対象学部・学年	小学部第6学年
単元名・題材名	「お楽しみタイム〜体を動かそう〜」

使用機器及びアプリの名称とその特長

任天堂Wii （家庭用ゲーム機）	・体の動きで操作するゲームソフトが多く、簡単な操作で楽しめる。 ・多人数で楽しんで取り組めるゲームが多く、みんなで楽しく活動できる。
「Wii-Fit」 （Wii専用ソフト）	・画面を見ながら、いろいろな動きを模倣して体を動かすことができる。 ・バランスボードを使用することで、左右前後の体重移動など、ふだん意識できない体の重心を意識できる。

使用機器及びアプリの選定理由

　本学級は6名であり、自閉症、ダウン症などの児童で編成されている。教師に促されて友達同士でやりとりをすることはあるが、自由時間になると個々に好きなことをして過ごすことが多い。

　今回、対象児童として取り上げるAは、友達にかかわりたそうにしていることはあるが、きっかけをつかめず尻込みをしている印象を受けた。また、特定の運動場面で「できない」と言って取り組もうとしないことがあった。

　そこで、Aが友達とかかわったり楽しく体を動かしたりするきっかけづくりとして、大好きなWiiで遊ぶ時間を「お楽しみタイム」と名付けて設けることにした。クラス全体としても、友達とのやりとりや余暇活動の充実を目標として取り組むことにした。

1．指導の内容

（1）ねらい
・見通しをもって取り組み、順番を守って遊ぶことができる。
・友達と協力して準備や片付けを行うことができる。

（2）指導期間
3か月間　全12時間（週に1時間程度：着替えや清掃を終えた後の15〜20分間）

（3）人数・学級構成
小学部6年生　6名

（4）展開

時間	学習内容・児童の活動	指導上の留意点
2分	1　準備 ・椅子を所定の位置に持ってきて座る。 ・代表児童はテレビラックを所定の位置まで運ぶ。	・椅子やテレビの位置を、床にテープで明示しておく。 ・テレビラックは児童と一緒に運ぶようにする。
1分	2　あいさつ ・日直は前に出る。	
2分	3　順番を決める ・順番を挙手や話し合いで決め、教師に告げる。	・順番表を掲示しておき、児童の写真カードを順番に貼っていく。 ・やりたいメニューを、写真カードから選ぶ。 ・必要に応じて、ヨガマットなどを準備する。
5分	4　体操タイム ・全員でヨガや腹筋など、画面を見て一緒に行う。	・体の動きの少ないAについては、教師と一緒にゆっくりと行う。模倣が難しい児童については、体を意識しやすいように、教師が言葉かけや身体補助をしながら、体を動かす。

10分	5　お楽しみタイム ・プレイしたいゲームを決め、順番に取り組む。 	・児童の希望を聞き、話し合ってプレイするメニューを決める。 ・順番表を確認しながら、一人ずつ取り組む。 ・必要に応じて得点表を付ける。

2．指導上の工夫

　こうした機器を使用するにあたり問題となるのが設置に手間がかかることである。教師が一人で行うと時間がかかってしまうため、児童も協力して行えるように準備の手順や設置場所を視覚的に示すことにした。

　また、順番や約束、終了の時間などを視覚的に提示するようにした。遊びの中でも、順番を守ることや時間を見て区切りを付けることなどを目標にできるようにした。バランスボードが１台のみという機器の特性上、どうしても一人で遊ぶことが多くなりがちだったので、ヨガマットや踏み台を準備することで、一緒に体を動かしながら、お互いに声をかけ合ったり、友達を誘ったりできる環境づくりも行うようにした。

　お楽しみとしての要素が強いので、児童によっては「○○を頑張ったらお楽しみタイム」など、この時間を楽しみにできるよう、予定表などで提示するようにした。

設置場所は視覚的に明示

予定表の一部

3．指導の効果

＜対象児童Aの様子＞

　もともとゲームが好きなこともあり大変興味をもって取り組んでいた。予定表にお楽しみタイムを入れておくことで、予定表を見る習慣がつき、自分で予定を確認できるようになり、また、友達と体を動かすことが楽しいと思えるようになり、音楽の時間で取り組ん

複数人数で一緒に楽しめるよう、場所を確保

でいたヨガや体育でも「俺、やる」と意欲的に取り組めるようになった。

また、アドバイスをしたり「〇〇君すごいね！」など、友達へ話しかけることも増え、お楽しみタイムだけでなく他の場面でも友達に自分から積極的に話しかけるようになった。

<A以外の児童の様子>

A以外の児童にも変化が見られた。順番を守ることや見通しをもつことが苦手なBは、順番表を自分で確認するようになり「次、〇〇くんどうぞ」と順番を守って取り組めるようになった。教室の隅で一人で遊んでいることの多かったCは、みんなが取り組んでいる様子をちらちらと気にするようになり、回を重ねるうちに、椅子を持ってきて集団の中に入り、にこにこ笑って参加するようになった。これまでは、自由時間は個々に過ごすことの多かったクラスであったが、お楽しみタイムを通して、協力して準備・片付けをする、順番を守って譲り合う、友達同士で誘い合うなど、お互いを意識してかかわり合うという、新たな一面が見られるようになった。

4．今後の課題

児童全員が楽しみにできる時間の中で、順番やルールなどを学ぶ良い機会になったのではないかと感じている。特に児童Aについては、お楽しみタイムを励みに様々な活動に積極的に取り組むようになり、また、クラスメイトへの自発的なかかわりが多く見られるようなった。また、体を動かすことへの抵抗感が薄れたことも効果として感じられた。あくまでゲーム機なので、しっかりとした身体の動きの獲得というのは難しいものの、体を楽しく動かす活動のきっかけとしては十分効果が得られた。

お楽しみの時間とはいえ、ゲーム機の導入には抵抗感があったが、子供たちの実生活の中でゲーム機は普及し続けていることを考慮し「適切な使い方」「時間を決めて遊ぶ」などの、余暇活動の過ごし方を身に付けることも大切なのかもしれないと考えている。

ヨガのポーズにも意欲的に取り組めるようになった。

「はい、どうぞ」
順番をきちんと守っている。

友達同士で一緒に体を動かしている様子

第2部 実践編

29 中学部　日常生活の指導

タブレット端末を使用した活動の見通し支援

愛知県立三好特別支援学校　教諭　**山田 恵太郎**

教科・領域名	日常生活の指導
対象学部・学年	中学部第2学年
単元名・題材名	朝の準備

使用機器及びアプリの名称とその特長

XPERIA Tablet Z （Android OS：SONY）	・B5サイズで軽く、携帯性にすぐれる ・B5サイズで大きく提示でき、視認性が高い ・タッチパネルで直感的な操作が可能 ・音声、写真、動画の再生が可能 ・カメラで簡単に動画を取り込むことが可能
特別支援スマホアプリ 「絵カード」 （富士通株式会社）	・活動内容を順番に提示可能 ・カメラを使ってその場で新しい絵カードを作成可能 ・分かりやすいシンプルなデザイン ・無料でダウンロード可能 ・広告がない

使用機器及びアプリの選定理由

　対象生徒は重度知的障害の中学部2年生で、見通しをもつことに支援が必要な生徒である。見通しがもてないことで、活動への意欲が減退している。「朝の準備」の場面では、進行状況に合わせて教師が繰り返し言葉かけをする必要がある。しかし、教師1名が他の4名の生徒と並行して指導を進めるため、言葉かけが遅れてしまうことがある。ICT機器を活用することで、対象生徒が朝の準備を主体的に進められるようになれば、学級全体への指導も、より充実したものになる。上記のアプリは簡単な操作で活動内容を順番に提示できる。携帯性のあるタブレット端末と組み合わせることで、対象生徒の主体的な動きを支援できると考えられる。

1．指導の内容

（1）ねらい

①履き替え	（下駄箱で外靴から上履きに履き替える）
②移動	（教室へ移動する）
③荷物整理	（かばんから連絡帳等を出して、所定の位置に置く）
④着替え	（体操服に着替える）
⑤掃除	（ほうきで教室の掃き掃除を行う）
⑥朝の会の準備	（時間割表を机上に用意して着席する）

　タブレット端末とアプリを活用することで、対象生徒A（以下、Aとする）が上記の「朝の準備」の見通しをもつことができるようにする。また、Aが主体的に取り組むことができるように、動機付けを行い、結果として、Aが一人で「朝の準備」に取り組むことができるようにする。

写真1　実践前の動かない様子

（2）指導期間
　5か月間
　（タブレット端末使用前の実態把握として、取り組みの様子や必要な時間等を記録する。使用期間中は、1か月経過するごとに使用しない日を1日設け、生徒の変化を見る。使用しなくても、使用中と同じ動きが見られるようになるまでタブレット端末を使用した指導を続けた）。

（3）人数・学級構成
　Aが在籍する学級は5名で構成されており、自閉症の生徒が2名、知的障害の生徒が2名、ダウン症の生徒が1名である。Aは知的障害である。

（4）展開
　「朝の準備」の時間は、朝9時頃に登校のスクールバスから降りてから、朝の会が始まる9時25分までの約25分間である。そのため、タブレット端末はAがスクールバスから降りるとすぐに提示し、朝の会が始まるまで使用した。タブレット端末の画面には、朝の会を行うまでに必要な活動の写真が上記の順番に出ており、一つの活動が終わるごとに、生徒自身がタブレット端末を操作して次の活動を確認して進めていくようにした（写真2、3、4）。

2．指導上の工夫

（1）実際の写真を使用する
　生徒の理解を高めるために、実際に生徒自身が活動に取り組んでいる写真を使用した。タブレット端末で撮影し、そのまま画面で提示することができるので、新しい活動や急な活動にもその場で対応することができた。

第 2 部　実践編

写真 2　「絵カード」の一覧から必要なカードを選ぶ

写真 3　アプリで活動の順番を確認

写真 4　生徒が操作して順番に進める画面

（2）動機付けをする

　予定された活動が終了したら、好きな活動ができる時間を設定した。Aはタブレット端末でアニメーションの動画を見ることが好きだったので、朝の会までの時間は動画を見られるようにした。今回使用したアプリは、簡単な操作で動画を再生することもできるので、生徒が自分で操作する中で、好きな動画を再生して楽しむことができた。

（3）タブレット端末の運搬用にかごを用意する

　実践初期は、生徒がタブレット端末を持ち歩くと、落として破損する確率が高いため、教師が近くで提示し、生徒が操作するという形にした。しかし、結果として教師がAから離れることができないままであった。タブレット端末が入るサイズのかごを用意することで、生徒自身が安定した運搬ができるようになり、教師とAとの距離を広げることが可能になった。

（4）データをとる

　生徒の取り組みの様子を記録した。記録することで、変化が分かる。今回の実践は、時間の短縮が目標であったので、別のタブレット端末で時間の計測と、取り組みの様子の録画を行った。計測した時間をグラフにすることで、変化が分かった。また、取り組みの様子は、関係職員や保護者との情報共有に使用するだけでなく、生徒自身に見せて褒めることで、自信につなげることができた。

（5）力が定着したらフェードアウトする

　対象生徒が活動に見通しをもって主体的に取り組むことができるようになったら、タブレット端末を使用するタイミングを二つ目の活動からにした。三つ目、四つ目と徐々に遅らせフェードアウトした。一人でも主体的に取り組むことができることをゴールとした。

3．指導の効果

　タブレット端末を使用した活動内容の提示は、初日からAに大きな変化をもたらした。タブレット端末に興味をもち、提示された活動を次々に進めた。タブレット端末自体への興味と、活動終了後に見られる好きな動画が強い意欲になっていることを感じた。

タブレット端末の操作は、すぐに理解することができた。教師が持ち運び、生徒が操作する形ですぐに定着した。かごを使用して生徒自身がタブレット端末を持ち歩く形が定着すると、一人で安全に運搬し、操作し、活動に取り組むことができた。

写真5　主体的に掃除に取り組む様子

写真6　朝の会の準備を進める様子

「朝の準備」にかかる時間は、それまで16分程度かかっていたところ、実践初日には9分17秒と、6分間以上の短縮が見られた。その後は目新しさがなくなり、3〜4分程度の短縮の日もあったが、実践2週間で平均6分間の短縮が見られた。そこで、一度タブレット端末を使用せずに進めてみたところ、Aの意欲は著しく減退し、また実践前と同じ状態になってしまった。そこで、タブレット端末の使用を再開し、3か月間継続した。Aの動きは徐々にスムーズになり、朝の準備は10分間以内に終えることも多くなってきた。教師の言葉かけも必要なくなった。その後、タブレット端末を使用する場面を徐々に減らしていき、実践開始5か月後には、タブレット端末を使わなくても主体的に動き、10分間以内に「朝の準備」を終わらせることができるようになった。

「朝の準備」に必要な時間が短縮されたことで、「朝の会」の前に活動を一つ追加できる余裕ができた。好きな動画を見る前に「コップ運び」や「紙ちぎり」等のいくつかの活動をランダムに流れの中に入れた。Aはタブレット端末を操作しながら、活動内容を確認し、正しく取り組むことができた。

活動終了後の動画にも変化があった。実践初期は「朝の会」の時間になっても、動画に自分で区切りをつけて片付けることができなかったため、タブレット端末は教師が片付ける必要があった。2か月程が経過したあたりから、タイマー等で「朝の会」の始まりを知らせると、すぐに自分からタブレット端末を片付けることができた。

写真7　ご褒美の動画を楽しむ様子

4．今後の課題

今回のようなICT機器の活用は難しいことではない。しかし、活動の見通しさえもつことができれば大きく成長できると考えられる生徒は少なくはない。私は、今後もより多くの生徒に対して同様の実践を行っていきたい。それと同時に多くの教師にこの活用法を伝え、実践の輪を広げていくことが大切だと考える。これからのICT教育は、一部の教師の中でより複雑に練り上げられるものではなく、ICT機器を使うからこそ簡単にできる方法を、より多くの教師と共有する段階だと考える。

30 高等部　日常生活の指導

発話が困難な生徒のVOCAによる朝の会の進行

福井県立奥越特別支援学校　教諭　**中村 雄祐**

教科・領域名	日常生活の指導
対象学部・学年	高等部第2学年
単元名・題材名	「朝の会の進行をしよう」

使用機器及びアプリの名称とその特長

iPad Air	・どこでも持ち運べ、いつでも起動でき、操作が容易である。
Apple TV	・無線でテレビにiPadの画面を映し、テレビから大きい音声を流せる。
テレビ	・iPadの画面を大きく映すことができる。
「DropTalk HD」 (HMDT Co., Ltd.)	・朝の会進行用の音声付きのシンボルを簡単に作成できる。 ・スワイプやタップという簡単な動作で音声を流せる。

使用機器及びアプリの選定理由

　対象生徒は2名の自閉症クラスで、2名とも発話は困難である。生徒が行動する際は教師の言葉による簡単な日常的な指示を、スケジュールや活動内容を伝える際は絵や写真カードの視覚的な提示を理解しやすい。高等部入学時は、教師の指示を待ってから行動するケースが多く、行動に移しても待つことが苦手であった。

　2名ともiPad air（以下、「iPad」とする）への興味・関心が高く、タップやスワイプなどの簡単な操作ができた。「DropTalk HD」（以下、「DropTalk」とする）は、それらの操作だけで、事前に作成された活動内容のイラストに伴った音声を出すことが容易である。

　そこで、教師に頼ることなく、周囲の様子に合わせながら主体的に進行できる朝の会を目指して、上記の機器やアプリを使用することにした。

　なお、朝の会を進行する生徒は机上のiPadのイラストの画面で、もう1名の生徒はApple TVにて無線で拡大提示された教室前方にあるテレビのイラストの画面で、活動内容を理解しながら取り組んでいる。

1．指導の内容

（1）ねらい
・教師や友達を意識しながら、自分から進んで進行したり参加したりする。

（2）指導期間
通年

（3）人数・学級編成
高等部2年生（自閉症クラス）　2名

（4）展開

学習活動			教師の支援
・進行する生徒が前に座り、以下の①〜⑥までの机上にあるiPadの画面をスワイプやタップをして音声を出し、朝の会を進める。			・進行する生徒が自分からiPadを操作するまで待つようにする。生徒に動きがない場合は「（今の活動が）終わりです」などと声かけをする。 ・もう1名の生徒が活動中にもかかわらず、進行する生徒が次の活動へ進めようとした際は注意を促す。
	「DropTalk」	読み上げの音声	
①	1 朝のあいさつ	「今から、朝の会を始めます。立ちましょう。」	
②	2 健康観察	「次に健康観察です。先生お願いします。」	
③	3 今日の予定	「次に今日の予定です。先生お願いします。」	
④	4 連絡帳書き	「次に連絡帳を書きます。」	
⑤	5 給食のメニュー	「次に給食メニューの発表です。先生お願いします。」	
⑥	6 終わりのあいさつ	「最後に終わりのあいさつです。立ちましょう。」	

生徒がiPadで朝の会を進行している様子

2．指導上の工夫

朝の会の進行の取り組みは、対象生徒が1学年時の5月から始めた。進行用ツールの変化に応じて、指導を3段階に分けた。

時期	進行用ツール	音声	指導上の工夫及び生徒の様子
5月〜9月	・めくり式カード	教員	・めくり式カードで、生徒は活動を自分が進めていくことを理解した。 ・生徒がカードをめくった後、活動内容の読み上げは教員が行った。
9月〜2月	・めくり式カード ・iPad	iPad	・音声を教員からiPadへと移行。めくり式カードの活動内容のイラストをそのままiPadの画面とした。 ・めくり式カードによる進行とiPadからの音声出力の操作が煩雑で、生徒が戸惑うことがあった。 ・iPadを操作しやすいように、画面にタップ、スワイプ用のシールを貼り付けた。
2月〜3月	・iPad ・Apple TV＋テレビ	iPad	・iPadの単純操作のみにより、スムーズな進行ができるようになった。 ・音声はテレビから音量を大きくして流せるため、非常に聞き取りやすい。

※上の太罫線部分が今回の取り組みである。

3．指導の効果

(1) 朝の会での主体的な進行及び行動

繰り返し進行の経験を積むことで、教師に促されることなく、主体的にiPadで次の場面に切り替えてから音声を出すことが定着した。また、その音声を聞いただけで、「①朝のあいさつ」の場面では自ら起立をしたり、「④連絡帳書き」の場面では自分で連絡帳を教卓から取ってきたりすることができるようになった。

(2) 朝の会での周囲の様子に合わせた進行

取り組みを始めた頃は、友達が連絡帳を書いていたり教師が話をしていたりする最中であっても、自分のペースで次の場面に切り替えてしまう様子が見られた。しかし、友達や教師の今の様子を具体的に教師から聞いたり、繰り返し進行の経験を積んだりすることで、周囲の状況を把握し、活動の区切りを待ってから進行できるようになった。

（3）学校生活でのコミュニケーションの手段として活用

　生徒1名は、コミュニケーションの手段をPECS（絵カードを使用した代替コミュニケーション）からiPadのVOCA（音声出力装置）へと移行し、朝の会で使い慣れている「DropTalk」で、休み時間や給食、授業中に自分の気持ちを伝えることが定着した。基本的にはPECSの二語文のカードをそのままiPadの画面とし、教師が音声を入れてシンボルをたくさん準備することで、スムーズに要求をしたり、助けを求めたり行きたいところを伝えたりすることができるようになった。

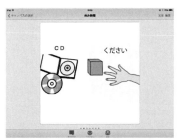

休み時間によく使用するシンボル　　　　　　　給食で使用している様子

（4）学校生活での主体的な行動への結びつき

　朝の会での進行の経験や、iPadで自分の気持ちをスムーズに伝えられるようになったことが、普段の学校生活において主体的な行動に結びつくようになった。休み時間や給食、着替えや清掃、次の活動場所への移動など、教師の指示がなくても見通しをもちながら自分で考えて行動できるようになっている。

4．今後の課題

　VOCAアプリ「DropTalk」は、学校生活のあらゆる場面でもいろいろな取り組みができた。食前食後の合掌の号令をしたり、行事で始まりや終わりのあいさつを担当したりと、かつては経験したことのない役割に取り組めた。

　学校では、音声の支援ツールとしてiPadを大いに活用できているが、家庭や福祉機関等で活用できていないというのが現状である。生徒1名はコミュニケーションの支援ツールとして卒業後にも活用できる見込みがあり、保護者は個人のiPadの購入に前向きである。個人のiPadが持てるようになれば、これからは、平日の放課後や休日でも活用できるように、保護者や福祉機関と細かく連携を図っていく必要がある。

　「DropTalk」を用いることで、生徒の発話の難しさを補完することができ、イラストとそれに対応する音声の意味を理解しながらの進行が容易で、生徒の障害特性に配慮できた支援となった。このように、生徒の"困り"を補完する使い方（支援ツール）としてiPadを活用できるよう、今後も様々な研究を重ね、支援方法の引き出しを増やしていきたい。

第2部　実践編

31　全学部　日常生活の指導

「歯をみがこう」
～ICTを活用した個別・集団での歯みがき指導～

岐阜県立東濃特別支援学校　養護教諭　四元　ひろみ

教科・領域名	日常生活の指導
対象学部・学年	【個別指導】全学部・全学年の対象者 【集団指導】高等部第3学年
単元名・題材名	「歯をみがこう」

使用機器及びアプリの名称とその特長

●個別指導

iPad、iPad mini	持ち運び可能で個別指導に適し、児童生徒が興味をもって集中する。
「ニャン！とはみがき」 (REPCO Japan Inc.)	「みがく場所・順番」「歯ブラシの動かし方」「みがき方のポイント」を確認しながら歯みがきができる。歯みがき時間が3分・5分と選べる。
「5分歯みがき」 (Hideaki Suzuki)	5分で歯みがきをしっかりできるように、5分のタイマーとともにみがき方を絵で解説

●集団指導

PC、大型テレビ	PCと大型テレビをつないで大画面に映し出すことで、集中指導ができる。
学校歯科医作成のスライドショー	専門家の視点から歯の大切さや歯みがきの仕方について、分かりやすく指導
TRINION「寝る前にハミガキ」 (株式会社リード トリニオン)	歯みがきの大切さを面白く楽しく伝える動画
「よ坊さんと学ぼう」（幼児期・学齢期向け） (公益社団法人日本歯科医師会)	"よ坊さん"と一緒に歯と口の健康について学ぶ動画

使用機器及びアプリの選定理由

　児童生徒にとって身近であり気軽に使えるiPadが、毎日の歯みがき指導で継続的に活用できると考え、使用することにした。アプリは、児童生徒が興味・関心をもてる画像であるもの、児童生徒に分かりやすく、動画を見たり音声を聞いたりしながら楽しく自分でみがけるもの、設定時間が選択できるものを選定した。また、教職員が児童生徒の実態に合わせて、歯みがきの手順を分かりやすく示した動画の作成も行った。特に、歯みがきを嫌がる児童生徒や一定時間歯をみがき続けることが困難な児童生徒が歯みがきの画像が流れるコンテンツを見ながら歯みがきをすることで、楽しく一定時間歯みがきを続け、口の中全体を順にみがけるようになるのではないかと考えた。

31 全学部　日常生活の指導

Ⅰ　アプリを使用した個別の歯みがき指導

1．指導の内容

（1）ねらい
・歯みがき習慣を身に付け、一定時間歯をみがく。
・口の中全体を順にみがくことができる等、歯みがきスキルを習得する。

（2）指導期間
年間を通して、給食後の歯みがき指導の時間に実施

（3）人数・構生
クラスごとに実施

（4）展開
　本校はこれまで、毎日の給食後の時間に絵カードを使用した視覚的な歯みがき指導に取り組んできた。しかし、絵カードは静止画であるためブラッシングの動きが分かりづらく、歯みがきがうまくできない児童生徒もいた。そこで、このような児童生徒を対象にiPadの歯みがきアプリを使用した歯みがき指導を試みた。

【使用している絵カードや教材】

みがくところに色がついている

ボタンを押すと絵が変わる

絵カードとタイマーで時間を示す

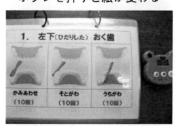
高等部で使用。10回ずつみがく

【アプリを使用した歯みがき】

iPadを見ながら、自分で歯みがきをする児童

第2部 実践編

○ニャン！とはみがき

 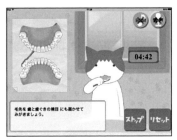 

○5分歯みがき

 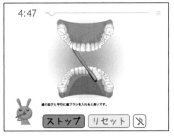 

○教職員が作成した動画

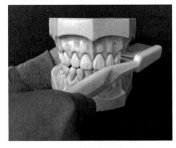  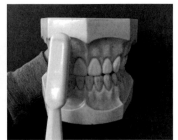

2．指導上の工夫

- 児童生徒の実態に合わせてアプリや動画を選定し、児童生徒に合わせて時間を設定する。
- 毎日、給食後に取り組み、児童生徒が歯みがきをする習慣を身に付ける。また、楽しく一定時間みがくことができる雰囲気づくりを大切にする。
- はじめは、教職員が児童生徒の横につき、声かけ等による指導を行い、歯みがきの動画に沿って歯をみがくことができるように促す。歯みがきをしながら動画を見やすくするため、iPadケースや台を使用して角度をつける。

3．指導の効果

児童生徒の個別の歯みがき指導によく使われる絵カードをめくっていく指導方法は、絵カードが静止画であるためブラッシングの動きが分かりづらい児童生徒もいた。しかし、iPadのアプリは動画であり、音声で説明してくれるため、歯みがきの仕方が分かりやす

く、動画上のキャラクターも一緒にみがくので、集中力が途切れず一定時間、最後まで中断しないで楽しく歯みがきを進めることができた。このようなiPadを活用した歯みがき指導を継続して行うことで、次のような姿が見られた。

これまで、歯みがきを嫌がっていた児童生徒が楽しい音楽と動画を見て、自分から歯みがきをする姿が見られるようになった。一定時間歯みがきを続けることが難しかった児童生徒もアプリの動画の設定時間が表示され、音楽に合わせてみがいていくので、時間を長く感じることなく、歯みがきを続けることができるようになった。また、同じ部分ばかりみがいてしまう児童生徒が動画と音声に合わせて順に口の中全体をみがけるようになった。みがく部分が分かりやすく示してあるため、一人でみがくことができるようになった児童生徒もいる。

毎日同じ時間に継続して取り組むことで、自分から歯ブラシを用意し、児童生徒の歯みがき習慣が身に付いてきた。

児童生徒が自ら歯みがきをした後に、教職員が仕上げみがきを行う際、児童生徒の口の状態を見てみると、歯の汚れの程度がよくなったり、みがき残しが少なくなったりし、児童生徒の歯みがきスキルの習得にも効果が認められた。

iPadのアプリを使用した視覚支援はiPadがあれば、家庭でも同じ方法で取り組むことができ、子どもの歯みがきスキルの習得に保護者の参加を要請できる利点もあると考えられる。実際に保護者の歯みがき講習で紹介することで、アプリを使って取り組む家庭もあった。

Ⅱ 学校歯科医による集団での歯みがき指導

1．指導の内容

（1）ねらい
・基本的な歯みがきの仕方を復習する。
・社会に出る前に、歯と口の中を健康に保つ習慣について学習し、自分の生活を見直す。

（2）指導期間
卒業前の2月に1回（1時間）

（3）人数・構成
高等部3年生　30人

（4）展開
本校では、担任や養護教諭、歯科衛生士によって継続的に視覚的な集団指導を実施している。高等部3年生では、卒業後の自立に向けて、学校歯科医からの指導の機会を設けている。指導の流れは次のとおりである。

①食べ物をおいしく食べよう　②動物の口をみてみよう

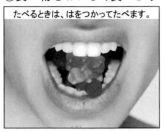

③どうしてむし歯になるの？（動画「寝る前にハミガキ」TRINION）

④歯みがきをしましょう

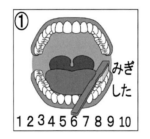

⑤生活を見直そう（動画「よ坊さんと学ぼう」日本歯科医師会）

2．指導上の工夫

- 興味や関心を引き付ける内容にする。
- 生徒の実態に合わせた指導内容を選定する。
- 指導者の立場や指導方法の変容を試みるよう、大型テレビを活用する。

3．指導の効果

　教職員とは異なる指導者からの指導により、違う視点から指導を実施することができ、児童生徒の興味・関心を引き付けることができた。従来の紙芝居と大きな歯の模型と歯ブ

ラシを用いて行う集団指導法は、臨場感があり歯ブラシの動きもよく分かるが、指導者自身が説明に集中しなければならないので、児童生徒一人一人の様子や反応を見ることが困難であった。動画やスライドショーを使用しての指導により、生徒の様子や反応をつかむことができ、実態に合わせた指導ができた。

　導入では「みんなの好きな食べ物は何？」とおいしそうな食べ物がたくさん出てくるスライドに生徒たちはとても興味を示し、「食べ物をおいしく食べるにはどうすればよいのか」と問いかけ、生徒が歯の大切さに改めて自分で気づく姿がみられた。その後、どうしてむし歯になるのかについての分かりやすい動画を見て歯みがきの大切さを学び、スライドで基本的な歯みがきの仕方を復習した。そして、むし歯予防のための生活習慣についても動画を見ることにより、今の自分の生活を振り返り、これからの生活を見直すことができた。社会に出てからも継続して健康な歯と口の状態を保つ生活習慣を心がけるよう、意識を高める効果的な指導となった。大型テレビを使用してのスライドショーや動画の視聴、歯みがきの仕方の復習等の視覚的教材を中心とする集団歯科指導は分かりやすく、児童生徒の注目をひきやすいため、指導効果が高いと感じた。

4．Ⅰ、Ⅱを通した今後の課題

　アプリを使用した個別の歯みがき指導は児童生徒にとって、とても有効であった。しかし、教職員の支援のもとでの行動であるため、児童生徒自身が歯みがきについて大切さを感じ、自らが行動することができるようになっていくことを目指していかなければならない。そのため、児童生徒の実態に個人差が大きいことから、個に応じた歯みがき指導や支援を継続的に行っていく必要があると考える。また、継続的な指導が行えるよう、児童生徒の歯みがきのスキルの習得段階の現状や指導内容の引継ぎを行っていきたい。そして、児童生徒の自立に向けて、家庭と連携して取り組むことにも力を入れていきたい。

　現在、学校が所有するiPadの数に限りがあり、特定の児童生徒のみにiPadのアプリを使用して指導をしている現状にある。歯みがき習慣が身に付き、歯みがきスキルの習得に効果が認められた児童生徒は、iPadから絵カードでの指導等に移行し、指導対象を変更して多くの児童生徒がiPadを使った指導を受けられる体制を整える必要がある。

　また、高等部の生徒に行っている学校歯科医による集団での歯みがき指導は、卒業後の自立に向けて、歯と口の健康に保つ習慣の確認と定着を目指すには、とても有効である。しかし、生徒の理解に差があるため、その他の指導で補っていかなければならないと感じる。そして、継続的に学校歯科医による集団指導を実施していくには、学校歯科医の理解を得ながら本校の児童生徒に合わせたねらいや指導体制を整えていかなければならない。

第2部　実践編

32　小学部　生活単元学習

タブレット端末を活用した野菜の観察記録

石川県立明和特別支援学校　教諭　**宮本 和輝**

教科・領域名	生活単元学習
対象学部・学年	小学部第5学年
単元名・題材名	「やさいをそだてよう」

使用機器及びアプリの名称とその特長

iPad	・ディスプレイが大きいため、文字入力がしやすく写真も見やすい。
「MetaMoji Note」 (MetaMoji Corporation)	・キーボードによる文字入力だけでなく、手書き入力も可能なメモアプリ ・写真や図、音声の挿入も可能

使用機器及びアプリの選定理由

　知的障害があり、数名が自閉症と診断されている児童13名の学習集団である。ほぼすべての児童が音声言語による表出ができる。また、約半数の児童が書字も可能で、中にはキーボード入力できる児童もいる。

　これまでの観察活動において、児童が"記録をとる"ということは、教師が記録した写真や映像を振り返ることによって行っていた。しかしながら、それらの写真や映像は、必ずしも児童が注目していたものとは限らないし、児童自身も何に注目していたのかを忘れていることがあった。そこで、多様な入力方法を選択できる「MetaMoji Note」を用いることで、思いや気づきを、児童自身が即時的に記録することができるのではないかと考えた。

1．指導の内容

（1）ねらい
- 野菜の成長に関心をもち、日々の世話や観察をする。
- 育てた野菜を自分たちで調理して食べる。

（2）指導期間
7か月間　15時間

（3）人数・学級構成
小学部5年生　13名

（4）展開

児童たちは、「好きだから」や「育てたことがあるから」、「嫌いだけど自分で育てたものなら食べられるかもしれない」などの理由で、自分が植えたい野菜を決めた。植え付けでは、うねに張ったマルチシートに開けた穴に水を入れて手を突っ込み、土の温度や感触を楽しみながら苗を植えた。

植え付け後は、日々の世話や観察の他に、"看板作り"や"かかし作り"（写真1）を通して畑に足を運び、野菜の生長を見守った。そして、タブレット端末を活用して野菜の生長記録をとった。収穫した野菜は、親子活動でフルーツポンチにして、保護者に振る舞ったり、自分たちで"さつまいもパーティー"（写真2）をしたりして味わった。

単元の流れ

	学習活動
4月	・植える野菜を決める ※植えた野菜 メロン、にんじん、スイカ、イチゴ、トマト、さつまいも
5月	・種、苗を買いに行く ・植え付け ・水やり、観察 ・看板を作る
6月	・水やり、観察
7月	・水やり、観察 ・かかしを作る
8月	・親子活動（収穫したメロンとスイカでフルーツポンチ作り）
9月	・水やり、観察
10月	・さつまいもの収穫と調理（さつまいもご飯、ふかし芋、味噌汁、さつまいもスティック）

写真1　かかしの設置

写真2　さつまいもの調理

第2部　実践編

2．指導上の工夫

　まず、「MetaMoji Note」の新しいページに前回観察時の写真を貼り付けておく（図中①）。次に、児童自身が、前回の写真と比べて変わったと思うところや気づいたことの写真を撮影し、挿入する（図中②）。そして、写真を撮影した理由や思ったことなどを余白に記述する（図中③、写真3）。記述することを嫌がったり困難だったりする場合は、音声で記録する。

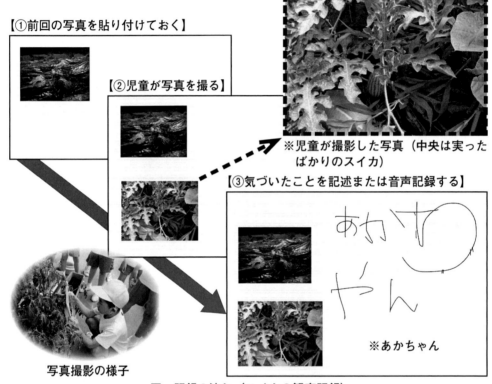

図　記録の流れ（スイカの観察記録）

写真3　サツマイモの観察記録
（はっぱ いっぱい でした。）

3．指導の効果

　本アプリの使用により、児童が自分の見ている光景を写真撮影し、気づきをそのとき思い浮かべた言葉で記録するという、即時的で実感のある記録を児童自身の手でとることができた。これには、「MetaMoji Note」の機能性が寄与した。例えば、写真の撮影に失敗しても容易に撮り直すことができ、児童は納得のいく写真で記録することができた。また、音声による記録が可能だったことは、自分の気づきを言葉にして記録することへの抵抗感を和らげたようであった。

　さらに、副次的な成果として、次の2点が挙げられた。

　第1に、前回観察時の写真と現在の写真が同一画面上にあることは、児童にとって、変化を対照的に捉えやすいようであった。写真と目の前にある実物の野菜を見比べる場合、視線を大きく動かす必要があったり実物では、どこに注目すればよいのか分からなくなったりして、児童によっては変化を捉えにくい様子があった。その点、写真3にあるように、ディスプレイに2枚の写真があればひと目で比べることができ、どこに注目すればよいかも分かりやすかった。

　第2に、観察内容を記録したiPadを他の児童に提示することで、記録した児童と他の児童が交流しつつ、お互いの気づきを共有することができた。また、大型テレビにつないで次時の導入にも用いることで、児童の表現で振り返りをして共通理解を得た後、新たな観察記録をつけることができた。これらは、"いつでも""どこでも"操作することができるタブレット端末の利点が活きた成果であった。

4．今後の課題

　児童たちにとって、一般的に行うように、紙に図やメモで記録をとるということは、負担の大きな作業である。しかし、タブレット端末を用いることで、「紙に書く」という枠組を取り払い、"その子ができる方法"での記録をすることができた。そして、その記録をもとに児童同士が交流したり、これまでの活動を振り返ったりする機会、つまり、記録を活用する機会をもつことができた。今回の活動を取っかかりとして、メモや映像などで記録しておくことの有用性に気づいていくことを期待したい。

　他方、周辺機器などを活用して、できるだけ子供自身が操作できるような環境を整えることが課題である。今回、児童だけでiPadを操作することが難しい場面では、教師が端末を支えたり「MetaMoji Note」の操作をほぼ教師が行ったりした。タブレット端末の魅力の一つは、これまでは困難だった作業を子供自身の手で行える点である。本事例では、画板スタイルのカバーを用いるなどして、立ったままでも安定して操作できる工夫が必要であった。

　ICTを導入することで、これまでは困難であった形態での授業が実現する可能性がある。ICTを使うことが授業の目的とならないように、子供の学びや育ちを促すための教材・教具として、今後も活用を図っていきたい。

第2部　実践編

33　小学部　生活単元学習

3Dプリンタで作成したオリジナルの型を使ってクッキー作り

東京都立石神井特別支援学校　主任教諭　**中田 智寛**

- 教科・領域名：生活単元学習
- 対象学部・学年：小学部第6学年
- 単元名・題材名：調理学習「クッキーを作ろう」

使用機器及びアプリの名称とその特長

iPad	操作が容易で、タッチペンでの入力ができる。
3Dプリンタ（ダヴィンチJr.1.0）	3Dデータを立体造形物として出力することができる。
スタイラスペン	線画を描く際に、指よりもより細かい作業を行うことができるタッチペン
「Cubify draw」（3D Systems）	画面上で線画を描くだけで3Dデータを作ることができる。
「netfabb」（株式会社スリー・ディー・エス）	アプリで作成した3Dデータを、印刷用に編集・修正できるソフト
「XYZware」（XYZプリンティングジャパン株式会社）	3Dプリンタに出力するためのソフト

使用機器及びアプリの選定理由

　対象児童は、小学部6年生19名である。6年生の児童は、これまで行ってきた調理学習に対しては、とても意欲的に、そして期待感をもって取り組むことができていた。本単元では、調理学習でクッキー作りを行う際に、より意欲的に、より親しみをもって活動に取り組めるよう、3Dプリンタを使用してのオリジナルクッキー型作りを行う時間を設定した。

　アプリ「Cubify draw」は、画面上に線画を描くだけで、線画に高さを加えることができ、簡単に3Dデータを作ることができる。3Dプリンタは、iPad上で作成したデータを出力し、具現化することができるので、本実践にとても適していると考え使用した。

1．指導の内容

（1）ねらい
①自分の作りたいクッキーをイメージして形を描いたり、作りたい形を選択したりすることができる。
②3Dプリンタを使用して作成したオリジナルの型を使い、親しみをもってクッキー作りをすることができる。
③3Dプリンタの仕組みを知ることができる。

（2）人数・学級構成
　小学部6年生　19名　全4学級

（3）授業計画と指導の実際

段階	主な学習内容、活動の様子、手立て
1次（4時間）	【既製の型を使用して、クッキー作りに慣れる】 ○既製の型を使用して、クッキー作りを行う。 ○iPadの「Keynote」教材を作成し、写真やイラスト等で手順を提示する。 ○いろいろなクッキー型があることに注目を促す。
2次（2時間）	【3Dプリンタを使用して、オリジナルのクッキー型を作る】 ○iPadを使用し、クッキーの型の線画を描く。（アプリ「Cubify draw」使用） 　※自分で描けない児童は、インターネットを使用して画像を検索し、自分の好きな絵を選択する。 ○描いた線画や選択した絵を3D化し、クッキーの型のイメージをもつ。 ○3Dプリンタで印刷後、完成したクッキーの型をみんなの前で発表する。
3次（4時間）	【オリジナルの型を使用して、クッキー作りを行う】 ○オリジナルの型を使用して、クッキー作りを行う。 ○出来上がりのクッキーと型を見比べて、できた喜びを味わう。
4次（3時間）	【卒業を祝う会でクッキーの会食を行う】 ○保護者を招いて、オリジナルの型を使用して作ったクッキーで会食を行う。 ○3Dプリンタで作成したオリジナルの型を保護者に紹介する。

2．指導上の工夫

(1) iPad上でのアプリの使い方について

アプリ「Cubify draw」を使用するにあたり、児童の実態に合わせて大きく3段階に分けて、オリジナルのクッキー型作りを行った。

① 自分で線画が描ける児童

自分で線画が描ける児童は、スタイラスペンを使用し、描きたい形をイメージして、画面上に直接線画を描き、3Dデータの作成を行った。iPadに描く前に、ワークシートを使用し、どのような線画にするか考え練習した後、iPad上に描いた。スタイラスペンに慣れない児童は、ワークシートで描いた線画をアプリに取り込み、その画像をなぞって描いた。

② 線なぞりができる児童

自分で線画は描けないが線をなぞれる児童は、インターネットの画像検索を使用して、自分の好きな物や形を選び、それをアプリに取り込んで、画像の外枠をなぞり3Dデータの作成を行った。手を添えるなどの補助で線なぞりができる児童においても、同様に行った。

③ 上記①、②の方法が難しい児童

上記の①、②の方法が難しい児童に関しては、その児童の好きな物等の画像をインターネットで検索し、いくつか候補を決め、児童が選択したもの教員が3Dデータにした。

(2) 3Dプリンタについて

3Dプリンタは、データをその場で出力して、すぐに作品ができるわけではない。今回のクッキー型は、印刷に20〜30分の時間を要するため、全員が自分の型が出来上がる様子を見ることができない。そのため、実際に印刷の様子を見ることの他に、後日完成品と一緒に印刷時の動画を倍速で再生し提示することで、出来上がる工程を説明した。

また、型の色は、数色の中から好きな色を選択することで、よりオリジナリティが強くなるようにした（ワークシート上で型の色を選択する項目を設けた）。

3．指導の効果

クッキーの型などの立体造形物は、自分がイメージしてもなかなかそれ通りに作ることはできず、実践につなげることは難しい。しかし、3Dプリンタを使用することで、自分のイメージ通りの立体造形物を作ることができ、イメージの具現化という点でとても効果的であった。自分が作りたい形のクッキーを作ることでの意欲の向上や、出来上がりの喜び、達成感を味わうことは既製品の型を使用したときとは異なるものであり、クッキー出来上がり時の児童達の反応はとても良かった。また、3Dプリンタで作成したオリジナルの型を使ってクッキーを作ることで、まとめで行った「卒業を祝う会」での保護者との会食時に、「これは何の形？」「自分で型を作ったの？すごい！」などといったやり取りを行

うことができ、保護者とともに喜びや達成感を共有することができ、自分で作ったクッキーへの愛着がとても強いものとなった。

4．今後の課題

（1）実践を通した児童生徒の変化

　既製品の型を使用してクッキーを作ったときと、3Dプリンタで作成したオリジナルの型を使用してクッキーを作ったときでは、後者の方が児童の反応が良く、それまでに行ってきた授業をより身近なものにし、意欲的に取り組む姿勢を強くすることができた。これまでの活動に3Dプリンタというアクセントを加えることで、学びをより一層深くし、興味や意欲の向上、知的好奇心の刺激につなげることができたのではないかと考える。

（2）今後の課題

　授業で3Dプリンタを使用する単元を実践するにあたり、実生活で使用できるものを作るということに重点を置いた。今回の実践においては、「実生活で使用できるもの＝クッキーの型」という形で取り組むことができた。クッキーの型は授業でも、家庭に持ち帰っても使用することができる。3Dプリンタを使用した次の実践を行う際に、どのような活動で効果的に使用する機会を作ることができるか検討していかなければならない。また、3Dプリンタは印刷に時間を要するため、機械の仕組みを理解することが難しい児童にとっては分かりづらいものになりうる。それを補うために、どのような形で提示することが理解につながるのか、今後も検討していく必要がある。

　また、3DプリンタとiPadの連動性が十分ではないため、iPad上で作った3Dデータを一度PC上のiTunesで開き、データを修正したのち（PCソフト「netfabb」を今回は使用）、3Dプリンタの出力用ソフト（PCソフト「XYZware」を今回は使用）で印刷をしなければならなかった。予算面、設備面の制約が出てくることは仕方がないが、iPad等のタブレット端末から直接データを3Dプリンタに送信し、印刷できる環境があると、児童にとってももっと分かりやすく仕組みを伝え、活用につながっていくと考える。

（3）実践を振り返って

　今回の3Dプリンタを使用しての実践は、今年度から始めたものであり、さらなる実践の検討、改善点の追求に努めていかなければならない。3Dプリンタを使用した授業実践の例が他にほとんどないため、どのような形で今後授業に生かしていくことができるか、より効果的な実践を今後も検討し、実践を行い、発信していく必要がある。ICT機器をより効果的に使用することで、授業の幅を広げ、児童にとって楽しく、心を揺さぶるような良い学びの場をつくり出すために、今後も積極的に実践を行っていきたい。

第2部　実践編

34 小学部　生活単元学習

ICTを使用した校外学習事前指導「セントレアへ行こう！」

愛知県立半田特別支援学校　教諭　**相田　真**

教科・領域名	生活単元学習
対象学部・学年	小学部第6学年
単元名・題材名	「セントレアへ行こう！」

使用機器及びアプリの名称とその特長

iPad	・機器に直接触れて操作できるため、児童の興味・関心をひきやすい。
Power Point（Microsoft）	・写真や効果音、アニメーションを用いることで、児童が飽きることなく注目し続けることができる。 ・今回は、券売機のタッチパネルでもこのソフトを使用
プロジェクター、ホワイトスクリーン	・大画面で映すことにより、児童の注目をひきやすい。

使用機器及びアプリの選定理由

　本学年は19名であり、自閉症、ダウン症など様々な障害のある児童で編成されている。授業においては、注意の持続時間は短いこともあるが、視覚的な支援を取り入れた授業や、体験的な授業では意欲的に取り組めることが多い。

　そこで、児童が興味・関心をもち続けながら授業に取り組めるよう、アニメーションなどを交えて視覚的にスケジュールや手順を提示したいと考え、パワーポイントでスライドを作成することにした。また、券売機や自動改札機など、本番に近い環境で練習を繰り返すことも、手順や見通しの習得につながるのではないかと考え、iPadを用いてタッチパネルを操作する学習を行うことにした。

1．指導の内容

（1）ねらい

- 教師の話や画面に注意を向けることで理解を深め、見通しをもって校外学習に臨むことができる。
- 切符の購入や自動改札機の利用など、体験的学習を通して一人で行うことができる。

（2）指導期間

　2か月間

（3）人数・学級構成

　小学部6年生　19名

（4）展開の一例（2校時80分）

時間	学習内容・児童の活動	指導上の留意点
3分	1　はじめのあいさつ ・授業の予定を聞く	・あらかじめプロジェクターは設置しておく。 ・授業予定を紹介しながら、ホワイトボードにカードを貼る。
15分	2　校外学習の流れの確認 ・スライドを見て、当日の動きを知る。	・日付や乗降車の駅など、クイズ形式で児童に尋ねながら発問する。 ・児童によって口頭や二者択一で答えられるように準備をしておく。 ・券売機で切符を購入する手順を、画面上で示しながら、説明する。 ・事前に専用の台に固定しておいたiPadを準備する。
15分	3　券売機で切符の購入の練習 ・券売機の正しいボタンを操作し、お金を入れて切符を受け取る。	・「ボタン」→「お金」→「切符」と、イラストで手順を説明する。 ・正しいボタンを押せるよう、児童の実態に応じてボタンの位置に目印を付けておく。 ・財布からお金を出すのが苦手な児童については、先にお金を入れるよう促す。

第 2 部　実践編

7分	4　休憩	
10分	5　自動改札機の練習 ・自動改札機に切符を入れ、出てきた切符を忘れずに取る。 	・切符を入れて、出てきた切符を取る、という手本を見せる。 ・切符が出てくるのを見逃さないよう、必要に応じて言葉かけをする。 ・取った切符はすぐに財布へしまうよう、言葉かけをする。
15分	6　電車の動画を見る ・動画を見ながら、財布から切符とお金を準備するタイミングや降車駅を知る。 	・別教室に電車内を想定した囲い（つい立て）と椅子を並べておき、前方スクリーンから電車からの風景を動画で流す。 ・切符を準備する駅が近付いたら、画面のテロップなどに注目できるよう指を差したり言葉かけをしたりする。 ・切符を取り出したら、しっかり持つよう言葉かけをする。
10分	7　到着駅の自動改札機に切符を入れる ・5と同様に、自動改札機に切符を入れ、教室から退場する。	・切符を出すタイミングや降車駅を示すテロップを注目するよう言葉かけをする。
5分	8　おわりのあいさつ	・今日のまとめや、上手にできた児童を前に呼び、表彰する。

2．指導上の工夫

(1) 動画による提示

　事前学習では、校外学習の予定や券売機・自動改札機の手順のスライドをパワーポイントで作成し、提示した。写真や文字などを提示するだけでなく、バスや電車の写真にアニメーションを設定したり、音楽を挿入したりすることで児童が注意を向けやすいようにした。また、あらかじめお金を用意するタイミングや降車駅などは、写真での提示だけでは伝わりにくかったため、実際に電車に乗った様子を動画に納めておき、動画内でテロップで表示し、児童の注意を促すようにした。

（2）実際の場面に近い環境設定

体験的な学習ができるよう、iPadで写真1のスライドを提示し、実際の場面と同じように画面をタッチして切符を購入できるよう練習を行った。その際には、正しいボタンと違うところに触れて、スライドが切り替わらないように「画面切り替えのタイミング」の「クリック時」をオフにし、正しいボタンの位置にハイパーリンクを設定した。そして、正しいボタンをタッチできたときのみ次の画面に切り替わるようにした。また、切符を買う→自動改札→電車に乗る→自動改札、という手順を一通りの流れとして覚えられるよう、模擬の券売機や自動改札機を準備し、繰り返し学習を行った。

写真1

3．指導の効果

（1）注意を向ける力の向上と校外学習当日の見通し

ICT機器の使用により、児童は格段に注意を向けられるようになった。また、率先して教師の問いかけに対して答える、発語のない児童も画面を指差して楽しみにしていることを伝えるなど、児童が実態に応じて主体的に学習に取り組むようになった。また、スライドの画面と、当日持っていくスケジュール表を同一にすることで、当日のスケジュールを理解したり、表を自分で見て確認したりして、落ち着いて校外学習に臨むことのできる児童が増えた。

写真2

（2）電車の乗り方

ほとんどの児童が電車に乗ることが初めて、または数回しかないという実態であった。タッチパネルの練習を繰り返したことで、実際の券売機でも「子どもボタン」→「金額ボタン」→硬貨を投入、と一連の流れで切符を買うことができた（写真2）。また、切符を買ったら自動改札機に入れる、電車は静かに待つ、電車に乗ったら座るなどのマナーを守りながら、自発的に適切な行動をとることができるようになった。

4．今後の課題

ICT機器の使用により、授業への関心が高まってきたことは実感できた。少しずつ飽きてくる児童が見られたときには、同じスライドを繰り返し行うのではなく、一部分を変化させる、効果音を加えるなどのちょっとした工夫で教材への注意の程度が維持できることもあった。また、こうした機器の利用やデータの共有化が普及すれば、教員の教材作成の負担も大きく軽減できる。そのためには、こうしたデータ教材の共有方法や体制をさらに整えていけるとよいと考える。今後も児童の興味・関心を高めるICTを活用した教材を考え、授業で実践していきたい。

第2部　実践編

35　小学部　生活単元学習

思いを伝えよう
～交流及び共同学習におけるICTの有効活用～

福島県立相馬養護学校 教諭（小学部学部主事・情報教育係）　**田中 紀彦**

教科・領域名	**生活単元学習**　※交流及び共同学習については、特別支援学校小・中学部学習指導要領の特別活動の内容に沿って実施した。
対象学部・学年	**小学部第5・6学年、第1学年（訪問学級：テレビ電話の活動）** ※平成27年度児童生徒数：91名（小学部24名　中学部14名　高等部53名）
単元名・題材名	**「こうりゅうかいをしよう」** ※平成26、27年度の交流及び共同学習の取り組みから

使用機器及びアプリの名称とその特長

iPad 	・タブレット端末は、児童が持ちやすいサイズであり、置く・持つ・スタンドに固定する等操作が容易で、アダプタを接続するとテレビ等で同一画面を見ることができる。 ・本実践で活用したiPadでは、児童のニーズに応じた多様なアプリを活用できる。
Lightning-Digital AVアダプタ・HDMIケーブル（上記の写真）・液晶テレビ・液晶ディスプレイ	・iPadと同じ画面を複数で見たり、肢体不自由の児童には大きな画面に映し出すことで、より見やすい環境設定にしたりできる。
Wi-Fiルーター（上記の写真）	・教室間、教室と自宅等、離れた場所でもiPadとルーターをそれぞれネットワークを介し接続することでFace Timeアプリによるテレビ電話が可能となり、離れた場所でも児童同士の交流ができる。
i+Padタッチャー・ジェリービーンズスイッチツイスト	・i+Padタッチャー本体の電源部にスイッチをつないでコード先端の静電スイッチ部をiPad画面に貼った状態でスイッチを押すと、貼った場所のアプリの起動及び操作が可能となる。 ・画面のタッチによる操作が困難な肢体不自由の児童が操作をしやすい環境設定が可能となる。
「トーキングエイド for iPad シンボル入力版LT8」（上記の写真のiPad画面）	・iPadで撮影した画像に録音した音声を合わせてシンボル化して、画面上に1～8個のシンボルを表記できる。 ・シンボルに触れることで録音した音声が流れ、上部のトーク画面にはシンボルが表記される。

使用機器及びアプリの選定理由

初めて出会った友達の名札を読むことや音声表現が困難な知的な遅れと肢体不自由がある児童の学級で、事前に記録した顔写真に名前の音声を録音してシンボル化し、画面に表示されたその写真シンボルに触れると音声が流れるアプリを活用した。触れるだけで友達の名前を呼ぶことができ、返事を聞くこともできて、自身の行動で交流が始まり、広がっていく満足感を味わえた。ふれ合いの場面でも、ボールや車などのシンボルに触れ、音声で伝えてその遊びが始まり、意思が伝わる実感も味わえた。上肢、指先等の障がいの状況から画面に触れての操作が困難な児童は、外部スイッチでiPadを操作するなど、操作環境を整えることでアプリの効果がさらに現れた。

1．指導の内容

(1) ねらい
地域の小学校児童との交流及び共同学習で、いろいろな活動を共に行ってふれ合いを深め、豊かな人間性を育む。

(2) 指導期間及び小学部における交流及び共同学習の計画

①小学部における交流及び共同学習（以下：交流）の年間計画

	＜学校間交流＞　学年	時期と回数	本校対象児	会　場
Ⅰ	相馬市内の近隣小学校4年生	1・2学期各1回	児童全員	本校と小学校
Ⅱ	近隣小学校6年生	2学期に2回	4～6年生	本校
Ⅲ	近隣小学校特別支援学級	2学期に1回	児童全員	本校
Ⅳ	＜居住地校交流＞ 同一市内の小学校高学年	1・2学期各1回	居住地児童	小学校
Ⅴ	他の地域交流：小、中学校の音楽祭への参加・市内障がい児者体育大会参加			

②推進の方針
- 「地域で共に学び、共に生きる教育」[1]の推進における本校の取組の一つで、地域の同世代の児童との交流を積極的に実施し、社会性や豊かな人間性を育む。
- 本校児童や保護者、地域の児童等の交流のニーズに応じて推進する。
- 各交流で、本校児童一人一人の障がいの状況、発達の段階に合わせた目標、小学校児童の学年等に応じた目標を設定し、それらに応じた活動内容で展開する。
- 各交流担当と学部主事・副主事・情報教育係も協力して学部体制で推進する。

③**単元名**「こうりゅうかいをしよう」　※①の表Ⅰの交流

④**指導期間**　平成26・27年度共　45分×16回　全16時間（2回の単元展開で、事前・事後学習も含める）

(3) 人数・学級構成

①交流の概要（1．(2)①の表）
・小学校4年生3～5人で1班を作り、本校児童1名と共に班ごとで活動する。

②主にICTを活用して交流する学級の構成
・5・6年1組3名と1年1組1名（訪問学級、スクーリングで主に5・6年1組の教室で合同学習を行っている）

(4) 展開　各交流会の総時数：計8時間（生活単元学習）※(2)④の各指導期間

事前学習 4時間	○友達を知ろう：友達の写真やメッセージをiPad、テレビで視聴する。 ○iPadでふれ合おう：iPad操作、アプリ操作を覚えて練習する。
当日 2時間	○始めの会・終わりの会：各会場で全体で行う。本学級は本校で実施 ○班の活動：iPadに触れたり、スイッチを押したりして友達の名前を呼ぶ、返事を聞く。友達が準備した活動を行う（紙芝居、シャボン玉等）。iPadでやりたい遊びを伝えゲーム等を行う（ボールプール、トランポリン等）。
事後学習 2時間	○振り返ろう：当日の写真、VTRをiPad、テレビで視聴する。 ○手紙を作っておくろう：友達からの手紙を見る。友達への手紙を作る。

2．指導上の工夫　※以下、児童：本校児童　友達：小学校の児童

①担当者間の打合せ・検討を計画的に実施し、ICT活用の趣旨・方法についても共通理解を得て展開したことで、児童に応じた指導、支援ができた。

②事前にiPadで録画・編集した児童の紹介VTR（学級ごとに複数台）を届けた。小学校では事前学習で班ごとに見て、友達は状況等を把握し、活動内容の話し合いの手掛かりにして児童に応じた活動を決めることにつながった。小学校でも同様にメッセージVTRを班ごとにiPadに録画し届けたことで、本校児童も友達の写真やVTRを見て期待を高めることができた。

③対象学級でも事前学習でiPadとテレビを接続し、VTRを繰り返し見たり、個々の友達の写真に音声を付けてシンボル化し、そのシンボルに触れて音声を流すアプリで名前を何度も聞いて覚えたりして当日を楽しみにしていた。

　26年度はiPad用スタンドを使用したり、座位をガイドした状態にしたりして児童の手指に手を添えての画面操作であったが、27年度はi+Padタッチャー（以下、タッチャー）とスイッチを接続し、児童がボタン型のスイッチを押してVTRを見たりアプリを操作したりできるように操作環境を工夫した。児童は自分のペースで操作することで、さらに期待を高めることができた。

④当日は班活動の最初に、児童がスイッチを押してアプリを操作し、友達一人一人名前をiPadの音声で呼び、それを聞いた友達が元気に返事をして交流が開始された。班の友達が計画した活動が中心であったが、アプリの「遊びカテゴリ」に登録していたボールや車などのシンボルで児童から好きな遊びを伝えるなど、やりたい遊びについて

やりとりして開始する場面もあった。また、友達が「しりとりをやりたい。」と提案したときには、あらかじめインストールしていた「しりとりアプリ」を活用した。児童には担任が絵を見せて単語の内容を説明しながら友達と交互にしりとりをしてふれ合うことができた。以上のように、場面ごとの児童、友達のニーズに応じてiPadのアプリ、及び活用方法を工夫して交流することができた。

⑤27年度入学の訪問学級児童は、iPad（テレビ、モニターをそれぞれ接続）とWi-Fiルーターを活用し、テレビ電話で１回目の交流を行った。本校での交流の後半に、５・６年１組児童の友達に説明をしてテレビ電話を開始した。友達全員で、テレビ画面に映った自宅にいる児童に向かって名前を呼んだり、２回目には学校で会うことを伝えたりして手を振った。児童は自宅のモニターで、初めて見るたくさんの友達、名前を呼ぶ声、笑顔で手を振っている様子に興味をもって注目し、自分にかかわろうとしている様子が分かったようであった。児童だけでなく、友達にとっても離れた場所でも交流できるという実感を味わえた場面となった。

⑥事後学習でも③の操作環境で、児童自身が自分のペースでiPadをスイッチで操作しながら当日の写真やVTRを見て思い出を楽しく振り返ることができた。

メッセージを見る

アプリで交流開始

しりとりアプリで友達と交互にゲーム

３．指導の効果

（１）児童主体の交流をめざしたICTの活用における課題と解決に向けた取り組みから

本校では26年度からiPadを活用した交流の取り組みを開始した。

取り組みを通して、対象学級では各交流場面で「物理的・環境的・心理的な課題」が明らかになった。そこで、27年度は児童一人一人の障がいの状態、発達の段階にさらに応じた形で「２．指導上の工夫」のようにiPadと周辺機器を活用した。その結果、以下のような成果があった。

①物理的課題の解決に向けた取り組みの成果

児童の手指の運動機能面の課題に対応し、タッチャーとスイッチを活用したことでiPadを操作しやすい状況となり、児童自身の行動による交流が増え、友達とのふれ合いがより深まった。事前・事後学習の画像・VTRの視聴場面でも、自分の操作で見通し・振り返りができて、期待感・満足感を十分に味わうことができた。

②環境的課題の解決に向けた取り組みの成果

　児童のスイッチ操作やiPad画面を視聴する行動が起こりやすい環境設定の工夫として、スイッチ操作で教師が触れてしまう誤作動を防ぐために土台を付けたり、iPadをテレビに接続したりした。その結果、児童は画面を見ながら自分の意思とタイミングでスイッチを押しやすくなり、安定した姿勢で活動のペース（量・時間）を調節しながらふれ合うことができた。また、複数の友達同士で同時にテレビ画面を見て、互いの気持ちを共有しながら交流することができた。

③心理的課題の解決に向けた取り組みの成果

　障がいの状態、発達の段階から、児童の「友達の名前を呼びたい・気持ちを伝えたい・できるだけ同じ活動を一緒に行いたい・もっとふれ合いたい」という願いを叶えるため、コミュニケーションツールとしてトーキングエイドアプリを活用し、①・②の状況を設定した。児童は、「画面を見ながらスイッチを押す」という自身の行動で、名前を呼んだり遊びたいことを伝えたりして交流することができたとともに、ゲームアプリを活用し、スイッチを押して友達と交互に活動してふれ合いを深めることができた。また、テレビ電話の交流により、交流の機会を増やすことができ、離れた場所でも互いの「今」を共感しながらふれ合うことができた。

（2）小学校の児童における効果　　※対象学級児童との交流において

- 児童の多くの「自分から、自分で」の姿に触れ、「人間の多様性を尊重する気持ち・もっとふれ合いたいという気持ち」を育むことができた。
- コミュニケーション及びゲームのアプリ活用、スイッチやテレビの環境設定、テレビ電話によって、「自分たちで活動できる・自分たちが考えた活動を実現できる、離れた場所でも同じ時間を共有できる」ことを実感しながら、意欲的にふれ合うことができて、交流のさらなる可能性の広がりに期待感をもつことにもつながった。

4．今後の課題

（1）実践における児童の成果

　実践を通して、「3．指導の効果」で挙げた児童の姿から、ICTの交流における活用では以下の成果が明らかになった。

> ①児童自身の意思決定による行動の発現・展開・終始をできる場面が増えて満足感を味わいながら交流できた。➡ 児童主体の交流を実現できた
> ②児童が自分の思い・気持ちが伝わる実感を味わいながら自己肯定感を高めてふれ合いを深めることができた。➡ 交流の目標に迫ることができた
> ③テレビ電話で「今」を共有することで「同じ時間の流れで共に生活している」という気持ちで交流できた。➡ 共に学び、共に生きる教育に迫った

　ICTの活用は、普段の学習でも各授業の目標、児童のニーズに応じて多様な方法で活用している。また、テレビ電話は学校間交流だけでなく、訪問学級の児童と5・6年1組の

児童や小学部児童との間で、学部合同学習等の同じ時間を共有して交流しながら活動している。このように、上記の成果は、交流だけでなく日々の学校生活においても現れていて、一人一人の合理的配慮[2]にもつながっている。

（2）今後の課題

- 交流は、友達と共に活動することが主な活動で、それに迫るツールの一つがICTの活用である。教師の指導、交流の支援、友達の活動がICTの機器操作に偏らないように指導者間、小学校担当者も含めて共通理解が必要である。
- 本実践では、児童が触れて操作した機器はスイッチがほとんどであり、声によるiPadの操作等、多様な活用方法を探っていく必要がある。また、児童主体の活動を具体的に評価して、より一人一人のニーズに応じた、物理的・環境的・心理的な視点に配慮したICTの活用方法と環境設定を工夫していく必要がある。

（3）実践を振り返って

本実践の始まりは、「児童が自分の思いを自身で伝えながら楽しくふれ合って欲しい。そのためにはどのようなアプリがあるのか、操作環境はどのようにすればよいのか」という児童のニーズに応えようとした担任の思いからスタートし、交流担当・学部主事・情報教育係等、学部の組織体制で、アプリ及び操作環境に必要な機器の探求と活用方法の研修を積み重ね、少しずつ成果が現れてきた。

（1）の成果でも述べたようにICTの活用は、重複障がい学級児童だけでなく、訪問学級でも児童がテレビ電話によって人間関係を広げることができた。また、高等部生徒が長期入院となったときにも学級の生徒とテレビ電話で音楽の授業を同時に行ったり、全校集会の合奏発表で病室からの楽器演奏を共同で発表したりして、離れた場所での共同学習の可能性が広がった。さらに、通常の学級でも、児童生徒自身がiPadを操作して、学習の見通しや活動中の手掛かり、振り返りと多くの場面で活用している。これらの姿、及び本実践も含め、今後も一人一人の児童生徒が主体となる活動をICTの活用を一つのツールとして増やしていきたいと考える。課題として、指導する教師個々のICTの活用能力に差があることがあげられる。今後は学校組織全体として、交流だけでなく教育計画全体を通して、ICTの効果的な活用ができるように、研修の充実、活用の体制づくりをしていく必要がある。そして、自身は「児童のニーズに応えるため、常に自己研鑽に励む」という姿勢を持ち続けたいと考える。

<引用文献>
1) 福島県教育委員会（平成27年）平成27年度 学校教育指導の重点 特別支援教育 p.73
福島県学校教育審議会（平成21年）「今後の特別支援教育の在り方について」～「地域で共に学び、共に生きる教育」を目指して～（答申）
2) 文部科学省（平成24年）「共生社会の形成に向けたインクルーシブ教育システム構築のための特別支援教育の推進（報告）

<注> 福島県学術教育振興財団助成対象事業の平成26、27年度の対象事業として、本校では、「特別支援学校におけるインクルーシブ教育システムの構築をめざしたICTの有効活用」の取組を実施した。

第2部　実践編

36　中学部　生活単元学習

移動教室に行こう！「プラネタリウムの事前学習」

東京都杉並区立済美養護学校　主任教諭　**佐野 敏孝**

教科・領域名	生活単元学習
対象学部・学年	中学部第1学年・第2学年
単元名・題材名	移動教室に行こう！「プラネタリウムの事前学習」

使用機器及びアプリの名称とその特長

iPad	・画面が大きいので、タッチ操作に向いている。
iPod touch	・画面は小さいが軽いので、片手でも操作ができる。
プロジェクター	・壁や天井にアプリの画面を投映できる。
Apple TV（もしくは、Apple Lightning Digital AV アダプタとHDMIケーブル）	・Apple TVによって、タブレットとプロジェクターを無線でつなぐことができる。
「Star Walk™ Kids」 (Vito Technology Inc.)	・画面上の星をタッチすると、イラストと音声、一部アニメーションによる解説が見られる。（惑星、星座、国際宇宙ステーション、ブラックホールなど） ・画面にタッチする操作以外にもタブレット本体を空に向けると、自分の位置から実際に見ることのできる星が画面に映し出される。 ・自動モードでは、好きな速さで天体の動きを観察できる。早送りと逆再生ができる。

使用機器及びアプリの選定理由

　移動教室の事前学習は、調理や歩行など見学先の具体的な活動を題材にできるものと、科学館・プラネタリウムなどの施設の写真や星空の映像を見て学ぶことが多いものがある。生徒が行ったことのない場所について、興味や見通しをもつという点では、写真や映像は有効ではあったが、どうしても生徒が受け身の時間が長くなってしまった。また、ある生徒から「プラネタリウムが怖い」という発言があった。その生徒は、初めての場や暗がりを苦手に感じることがあり、はじめは楽しみにしていた移動教室を少し億劫に感じ始めていた。
　そこで、プラネタリウムの疑似体験を通して不安感を減らし、星空を自分で操作することで興味・関心を高めることができればと思い、今回の授業を計画した。

1．指導の内容

(1) ねらい
・プラネタリウムの疑似体験を通して、プラネタリウム見学について見通しをもつ。
・星空を操作して絵や解説を見て、星や星座について学ぶ。

(2) 指導期間
1か月間　全8時間　※他の見学先の事前学習含む。

(3) 人数・学級構成
中学部　20名（1年生　11名、2年生　9名）

(4) 展開

	学習活動	指導上の留意点	教材
導入	○挨拶をする。 ○移動教室のテーマソングを歌いながら踊る。	・音楽室にて、2学年合同授業で行う。 ・生徒同士の接触に注意する。	音源 プレイヤー
展開	○本時の学習内容を知る。 「多摩六都科学館で、プラネタリウムを楽しもう」 ○多摩六都科学館での活動内容を知る。 ○教師の手本を見た後、タブレットのアプリで1人ずつ星空を操作する。 アプリ「Star Walk™ Kids」 順番を待つ生徒は、友達の操作する星空を椅子に座って鑑賞する。	・2年生が映っている昨年度の写真や映像を用意する。 ※科学館での当日の予定 　1．プラネタリウム（合同） 　2．お弁当（合同） 　3．館内見学（学級） ・生徒の実態に合わせて、大小2種類のタブレットどちらかを選択する。 ・同じ画面をプロジェクターで壁面や天井に映し出し、円になって座って鑑賞する。 ・暗闇を怖がる生徒がいる場合、カーテンの開閉で部屋の明るさを調整する。 ・順番を交代する際は、足元が暗いので転倒に注意する。	写真 DVD iPad iPod touch プロジェクター Apple TV 生徒用椅子
まとめ	○本時を振り返り、次回の学習内容を知る。	・操作を楽しんでいる様子や友達と一緒に見ている様子を全体に紹介し、評価する。	写真（iPad）

2．指導上の工夫

　まずはじめに、iPadで星空を観察するアプリ「Star Walk 2」とテレビモニターでプラネタリウムを再現してみた。映像や音楽は、とても美しく一部の生徒は興味をもったが、解説が難しく読めないことや、星座の絵が分かりづらいことがあり、本校の生徒の実態には合わなかった。そこで、「Star Walk Kids」というアプリを試したところ、明るく、分かりやすいイラストとアニメーションに多くの生徒が興味をもった。

　アプリ「Star Walk Kids」は他のアプリと同様にiPad単体だと、1人から数人程度までしか楽しめないため、集団の授業には向いていない。そのため、テレビモニターと接続してまわりの生徒も一緒に楽しめるようにした。このときはHDMIケーブルで接続していたため、iPad本体をうまく傾けることができなかったり、ケーブルに足を引っかけてしまったりするなどの課題があった。

　これらの課題解決のため、iPadとプロジェクターをApple TVを使って無線で接続し、天井に投影することにした。無線になったことで生徒が自由にiPadを傾けたり、いろいろな姿勢で操作を楽しんだりすることができた。プラネタリウムにより近い雰囲気を楽しめるように、プロジェクターの画面を天井に投影することに変更した。プロジェクター本体を通常より傾けるため、本体と椅子をテープなどで角度をつけて固定した。

「Star Walk2」　　　「Star Walk™ Kids」

天井に映った星空を操作する生徒たち。友達と一緒に横になって楽しむ生徒も。

3．指導の効果

　「Star Walk Kids」は、本校の生徒の主体的な活動を引き出すことに以下の点で大変有用であった。

①生徒自身が楽しみながら、星空を操作できた。ユニバーサル・アプリ*なのでiPadとiPod touchどちらでも動作した。そのため、大きいiPadは膝の上で、小さいiPod touchを片手で自由に動かすなど、生徒の実態に合わせて機種を選択することができた。

②操作方法は「画面をタッチする」と「本体を傾ける」の2種類がある。画面のタッチ操作が苦手な生徒も、本体を教師と一緒に持って動かすことで楽しめた。

③アプリの画面を天井に映すことで、まわりの友達と楽しみを共有できた。友達や教師に見せたいと思う生徒は、より意欲的に操作を楽しめた。
④かわいらしいイラストやアニメーションを楽しみながら、星や星座について学ぶことができた。星空だけでは退屈してしまうが、間にアニメーションの解説を見ることができたので、集中が長く続いた。解説は1分間ほどと短く、映像も分かりやすい。

　今回の実践を通して生徒が受け身になりがちだった事前学習を、生徒がより主体的・意欲的に活動できる学習へと改善することができた。授業全体は、ゆっくりとしたアプリの音楽に合わせて穏やかに進んだ。生徒達は、友達と一緒に横になって天井を見上げたり、立ち上がって星空の様子をじっと見つめたりとそれぞれ自由に楽しんでいた。また、プラネタリウムを怖がっていた前述の生徒も、自分から進んでiPadを操作して、授業の終わりには「プラネタリウム、楽しみです！」と笑顔で感想を述べていた。
　移動教室本番のプラネタリウム鑑賞では、本物のプラネタリウムの大きさと美しさに圧倒されている生徒が多かった。約40分間のプログラム中も、落ち着いて座って鑑賞することができた。生徒たちは、多摩六都科学館のプラネタリウムと館内の施設を楽しんで、移動教室を笑顔で終えることができた。
＊ユニバーサルアプリ：PC、スマートフォン、タブレット端末などの複数のデバイスに対応するアプリ

4．今後の課題

　今回の授業で生徒たちは、今まで個別学習や休み時間に机の上で使っていたiPadを自分の手で自由に動かすことができたこと、そして自分の操作画面を友達に見せることができたことに新たな喜びと発見を感じていた。生徒にとってiPadは、ゲームや動画を見ることが中心になりがちではあるが、生徒に新たな学習体験を設けることができた。
　今後の課題としては、星や星座に興味をもった生徒がより詳しく学べるよう、実態に合わせたグループ分けや学習の場を設定することである。例えば、自分や家族の星座を調べたり、好きな星座を印刷してファイルや作品にまとめたりする学習が考えられる。
　今回の授業を思いついたきっかけは、プロジェクションマッピングを実際に見たときだった。そこまでの技術は筆者には無いが、学校でも何かおもしろいことができないかと考えた。移動教室の前にプラネタリウムを疑似体験できれば、生徒も暗い場所等への不安が少し減って移動教室をより楽しめるのではないかと願っての今回の授業であった。授業を終えて、私は日常生活や身の回りのものからヒントを得て、生徒の実態に合わせた形で学習場面を設定することも特別支援教育の専門性の一つだと学んだ。今後も、生徒が主体的に楽しく学習ができるよう、日々の授業において具体物とICT機器の有効活用の実践を重ねていきたい。

第2部 実践編

37 中学部　生活単元学習

「修学旅行へ行こう！」
~ICTを活用した事前学習~

岐阜県立東濃特別支援学校　教諭　**太田 亜由美**

教科・領域名	生活単元学習
対象学部・学年	中学部第3学年
単元名・題材名	「修学旅行へ行こう！」

使用機器及びアプリの名称とその特長

大型テレビ	パソコンやiPad等をつなぐことで、集団での授業で全員が一斉に同じ画面に注目することができるものである。
iPad	パソコンとは異なり、一定の場所からの提示ではなく、生徒の近くでの教材提示が可能である。
AppleTV	大型テレビとiPadをつなぐために用いたものである。有線ではなく、無線でiPadの画面をテレビに映し出すことができる。
PowerPoint	プレゼンテーションの作成、実施を行う。文字や写真等が入った見やすいスライドを簡単に作成できるものである。
「さるこよみ&マナー」 （ZAPPALLANS, INC.）	マナー編を使用。マナーを守れていない子をタップすることで、正しいマナーに戻る。マナーの振り返りとしても活用できる。
「Keynote」 （Apple）	iPadでのプレゼンテーション作りで使用。プレゼンテーション使用中にも書き込みが可能である。

使用機器及びアプリの選定理由

　中学部3年生の生徒は、知的障がいを有する学級の生徒13人、知的障がいと肢体不自由を併せ有する重複学級の生徒が3人の計16人である。集団の場で発言が多くできる生徒もいれば、発語が難しかったり大勢の場であるとなかなか発言ができなかったりする生徒、集中力が持続しない生徒等実態は個々で異なり、幅も広い。
　生徒が興味をもちやすいiPadを使用することで、授業への関心・意欲を高め、パワーポイントを用いて音が出たり画面が変わったりすることで集中力を持続させつつ授業展開ができると考えた。また、マナー学習も楽しく学べるようにアプリを選び、反復して学習し、提示方法の工夫をするためにも「Keynote」を用いた。

1．指導の内容

（1）ねらい
- 修学旅行（ディズニーランド）での活動に見通しをもち、期待感をもつ。
- 2日目の活動内容や施設（パーク）について知る。
- 公共施設や食事等のマナーを知る。

（2）指導期間
全13時間

（3）人数・学級構成
中学部3年生。知的障がい学級の生徒13人、知的障がいと肢体不自由を併せ有する重複障がい学級の生徒3人。合同で授業を行う。

（4）展開
＜ディズニーランドを知る＞

① 修学旅行の歌を歌おう（大型テレビ・パソコン）
- 大型テレビに映された歌詞を見ながら歌う。

② クイズに答えよう（大型テレビ・パソコン・ぬいぐるみ）
- 大型テレビに映し出されたディズニーキャラクターを答える。
- 映像だけでなく、実際にぬいぐるみに触れながらキャラクターの名前を知る。

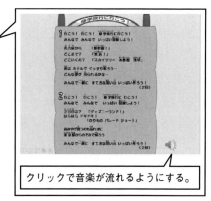

クリックで音楽が流れるようにする。

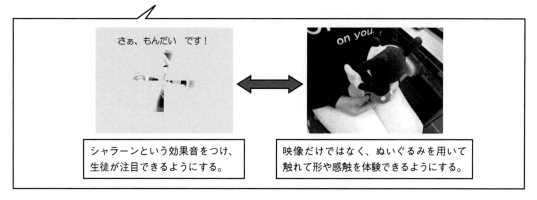

シャラーンという効果音をつけ、生徒が注目できるようにする。

映像だけではなく、ぬいぐるみを用いて触れて形や感触を体験できるようにする。

③ 活動内容を知ろう（大型テレビ・パソコン、iPad）
- ディズニーランドでの活動を一つずつ写真で確認する。
- アトラクション、食事、お土産について写真を見たり、説明を聞いたりする。
- パレードの様子を動画で見る（3種類：昼間のパレード、季節のパレード、夜のパレード）。（※動画は職員が撮ったものや過去の修学旅行のものを使用）

④ グループに分かれてみよう（大型テレビ・パソコン）

・活動グループを聞き、グループに分かれる。
⑤　まとめ
　　・楽しみな内容を発表したり、次の授業の内容を知ったりする。

＜マナー学習＞
①　修学旅行の歌を歌おう（大型テレビ・iPad）
　　・大型テレビに映された歌詞を見ながら歌う。
②　クイズに答えよう（大型テレビ・iPad・ぬいぐるみ）
　　・大型テレビに映し出されたディズニーキャラクターを答える。
　　・映像だけでなく、実際にぬいぐるみに触れながらキャラクターの名前を知る。
③　食事のマナーを知ろう（大型テレビ・iPad）
　　・これまでに学習したマナーを発表する。
　　・ゲーム：「マナー違反を探せ！」

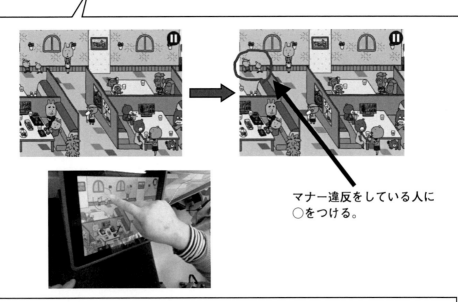

マナー違反をしている人に○をつける。

　　iPadアプリ「さるこよみ＆マナー」というアプリをスクリーンショットしておき、それを「Keynote」というプレゼンテーションアプリに画像挿入する。授業の中では、大型テレビにも同じ画面を映し出しておくことで、個々の学習ではなく、全体学習が行えるようにする。
　　発語が難しい生徒や発表が苦手で大きな声を出すことが苦手な生徒は指で○をつけ、発表できる生徒はどのようにしたらよいか、何がいけないのかを発表する。

④　グループに分かれて調べてみよう（iPad）
　　・グループに分かれ、レストランやアトラクションについて調べる。
⑤　まとめ
　　・楽しみな内容を発表したり、次の授業の内容を知ったりする。

2．指導上の工夫

・機器の不具合がないように、接続等の環境を整えておく。
・写真やイラスト、動画等のどこに注目したらよいか、またテレビ画面か実物（ぬいぐるみ等）どちらに注目したらよいかを言葉かけをして促す。

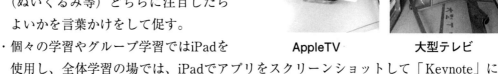

AppleTV　　　　　大型テレビ

・個々の学習やグループ学習ではiPadを使用し、全体学習の場では、iPadでアプリをスクリーンショットして「Keynote」に貼り付けて、大型テレビに映し操作を行えるようにする。
・iPadを用いての学習の際には、有線であると場所が限られてきてしまうため、AppleTVを用いて無線でiPad操作が行えるように環境を整える。

3．指導の効果

・音と同時にテレビ画面に映し出されたキャラクターに興味を示して注目していた。
・写真だけでなく、動画があることでディズニーランドに関心をもち始め、「きれい」「かわいい」「みたい」という反応があったり、動画を真剣に見つめたりする姿があった。
・「さるこよみ＆マナー」というアプリを用いて、食事のマナーについて学習を行った。一人一人の学習ではiPadを使用した。画面上のマナー違反をしている子を見つけてタッチすると、よい行いに変わるため、一生懸命探そうとする姿が見られた。全体学習では、発表する生徒がiPadの画面に印をつけることで、大型テレビにも反映されるため、全員での学習に取り組むことができた。また、大勢の前での発表が苦手で普段発言が少ない生徒も、iPadの画面に印をつけるだけということもあり、活躍できる場となった。

4．今後の課題

　大型テレビの使用により、生徒が注目できていたため、見ることが必要な他場面でも使用するようにしていきたい。また、動画をiPadに入れておくことで、授業以外の時間（休み時間等）でも見ることができ、修学旅行に対する動機付けにつながった。
　生徒全員が画面に注目できるわけではないため、授業の内容をすべてICT機器に頼るのではなく、実物を用いての授業展開やそれとの組み合わせ、タイミング等をさらに考えていきたい。
　また、生徒の実態に合わせてではあるが、iPadやパソコンを使用して施設等を調べる体験をするときには、正しい使い方や情報モラルについても指導していく。

第2部　実践編

38　中学部　生活単元学習

ICカードを使ってバスで出かけよう
～NFC（近距離無線通信技術）を用いたシミュレーションアプリ～

熊本大学教育学部附属特別支援学校　教諭　**後藤 匡敬**

教科・領域名	生活単元学習
対象学部・学年	中学部全学年
単元名・題材名	「バスや電車で出かけよう」

使用機器及びアプリの名称とその特長

タブレットPC	Windows8.1搭載のタブレット。NFC内蔵（NFC：Near Field Communication、近距離無線通信技術）
NFCタグシール	データ書き込みアプリを使って、144バイトまでのデータを記憶させることができる。直径2.5cm円形のシール
NFCリーダー（内蔵型、USB外付け型）	NFCタグシールに近づけると、シールに記憶してあるデータを読み取り、タブレット等に読み込ませることができる。
「BUS STOP」（株式会社富士通と共同開発）	NFCでデータを読み込むと、「ピッ」というデジタル音とともに、タブレットの画面に料金と残額を表示させる交通系ICカード利用シミュレーションアプリ

スマートボード、ビデオカメラ、Bluetoothレシーバー等

使用機器及びアプリの選定理由

　本校は熊本大学黒髪北キャンパス（熊本市）に隣接する知的障害特別支援学校である。中学部の生徒のうち、約6割の生徒が公共交通機関を利用して通学しており、その他の生徒も公共交通機関を利用することが多い。

　平成27年度より、熊本県の路線バス・路面電車等で新しく非接触ICカード（以下、ICカード）が導入された。生徒はこれまで磁気カードや整理券・現金を使用していたが、ICカードの導入に伴い、カードを操作する力が必要となった。その力の習得に向け、校内で同様の環境を設定するため、NFCを活用した教材（ICカード利用シミュレーションアプリ「BUS STOP」）を株式会社富士通と共同開発し、その利用に伴うICT機器を選定した。

非接触型ICカード

NFCタグシール
模擬バスカード
（台紙にNFCタグシール貼付）

タブレットPCとNFCリーダー（外付）

1．指導の内容

（1）学習の概要
　生活単元学習「バスや電車ででかけよう」は、地域社会など身の回りの生活に必要な公共施設や公共交通機関の利用などの主なきまりを知り、活用する力の育成を目指した学習である。その中で、路線バス等でのICカードの利用方法を段階的に学んだ。この学習で学んだことを、通学や、生活圏域の拡大や余暇生活の充実につなげることをねらっている。

（2）指導期間
　　全12時間

（3）人数・学級構成
　第1次・2次は全学年単位、第3次は各学年（1学級6人×3学年）単位で実施し、第4次はバスの利用経験や技能等に応じたグループで活動する。

（4）展開

学習の様子	学習内容	準備物
NFCタグシール貼付の模擬バスカードをNFCリーダーにかざす	**第1次（3時間）模擬バスで乗降学習（ICTを活用）** ・バス車内の機器のしくみ・配置等を知る。 ・ICカードの操作を学ぶ（乗降口にあるNFCリーダーに、NFCタグシール貼付のカードをかざし、「ピッ」という効果音が鳴るまで待つ）。 ・様々なケースを体験する（混雑時、雨天時、手帳の提示、降車時の安全確認等）。	・タブレット端末 ・NFC ・運賃箱の模型 ・模擬バスカード ・傘 ・自転車
	第2次（1時間）本物のバスで乗降学習 ・バス会社と協力し、校内で本物のバスを使って様々なケースを体験する。 ・様々なケースを体験する（ICカード操作の所作、混雑時の振る舞い、降車準備、手帳の提示、降車時の安全確認、雨天時等）。 ・運転手から実際的なアドバイスを聞く。	・本物のバス ・ICカード ・療育手帳 ・傘 ・自転車
	第3次（1時間）路線バスで乗降学習 ・実際の路線バスに乗り、一定区間を往復する。 ・ICカードの実際の操作音や残額表示、運賃表の表示を確認する。 ・降車準備や降車時の安全確認等、学習してきたことを実践する。	・ICカード ・療育手帳 ・バッグ
	第4次（7時間）バスや電車で出かけよう ・グループごとに決めた目的地に向けて公共交通機関を利用して出かけ、学習したことを実際生活で活用・応用する。	・ICカード ・療育手帳 ・財布 ・バッグ

（左端：模擬　↑　↓　般化）

第2部 実践編

2．指導上の工夫

　第1次の学習ではICTを活用し、できるだけ本物に近い状況下でバス利用の学習ができるように、様々な工夫をした。以下に、教室環境を図解し、工夫点を示す。

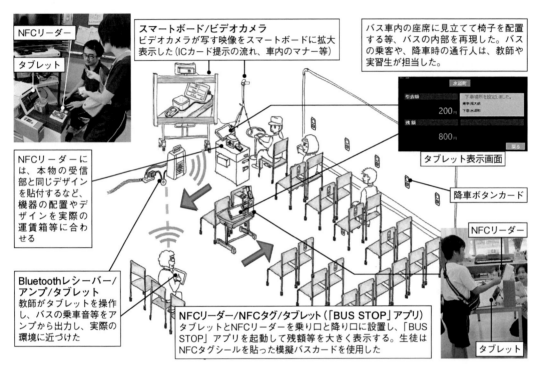

3．指導の効果

　「BUS STOP」アプリは、NFCタグシールを貼った模擬バスカードの金額情報をNFCリーダーで読み込む際、「ピッ」と効果音が鳴る。この「カードをかざして『ピッ』と音が鳴る」仕組みによって、生徒たちは本物の機械を使ってICカードを使用するのと同様の動きができるため、とても積極的に学習に取り組んだ。

　単元当初、多くの生徒は、読み込みの効果音が聞こえる前に模擬カードをNFCリーダーから離して乗車してしまい、うまく使用できなかった。「『ピッ』と音が鳴ってから乗る」学習に反復して取り組むと、効果音を聞く意識が生まれた。その結果、効果音が鳴るまで模擬バスカードをNFCリーダーから動かさずにじっと待ったり、もう一度かざしなおしたり、自分で状況を判断する姿が見られるようになった。

　さらに、第2次で、バス会社の協力のもと、本物のバスを学校に招いてバスの乗り方の学習をした。校内でほぼ同じ状況下で反復して学習していたため、ほとんどの生徒がスムーズに乗降できた。実践へ生かせる技能を効果的に身に付けることができた。

　今回、「BUS STOP」アプリを導入したことで、単元期間に生徒一人約10回以上、ICカードの操作を体験できた。本物のICカードを使用すると、使用するたびに残額が減って

しまうため、練習できる回数も限られる。「BUS STOP」アプリとタブレット、NFCリーダーを使ったことで、反復できる回数を保障できたことが、定着に結びつき、確かな技能の習得へとつながった。

残額表示の違い
（左）「BUS STOP」アプリ
（右）実際のバス

　この単元を通して、バス乗車の際に、戸惑わずスムーズにICカードを操作し、自信をもってバスに乗車できるようになった生徒が増えた。本物と似た環境を用意することの有用性を改めて感じた。また、ICカードの操作練習は、手軽に機器のセッティングができるため、必要なときにすぐに擬似環境を用意でき、校外学習の直前に予習できたことも効果的であった。

4．今後の課題

　富士通と共同開発したことで有効なアプリが開発できたが、以下の課題が残った。

　乗降の際、ICカードを操作しながら「ICカードの残額を確認する」ことに関しては、一部の生徒は実施できたが、大半は残額を確認できなかった。要因としては、ICカードの操作に集中し残額を見る余裕がないことや、「BUS STOP」アプリと本物の残額表示画面が異なることが考えられる。「BUS STOP」アプリの表示を改善するには、共同開発の富士通との協力が必要である。より般化を目指すための取り組みが今後も課題である。

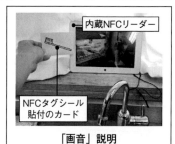

「画音」説明
NFCタグをNFCリーダーにかざすと、画像/動画データが画面に表示される（上は、歯みがきの絵カードをかざして、歯みがきの手本動画を再生している場面）。裏にNFCタグシールが貼ってある。

　今回の実践を通して、生徒たちはICカードを使う経験を積み、実際に利用できるようになった。この成果の基盤としては、学習効果を高めるためにリアリティを追求して、バス会社の機器等（音、タイミング等）に近づけて再現度を高めることである。「カードをかざして『ピッ』と音が鳴る」仕組みは、NFCタグをかざすことで画像・映像が表示される、映像等ワンタッチ再生アプリ「画音」（富士通と共同開発）でも同様に用意できることをここで紹介しておく。

　これまでのバスの乗降学習は、運賃の把握や計算が主であった。自力でバスを利用するには、手元の整理券の番号と運賃表の番号を照合して運賃を探し出したり、財布の中身を見て小銭を用意したりと、数に関する理解が必要であり、バスを利用できる生徒も限られていた。しかし、バスの乗降方法はICTの発達により様変わりしており、数の理解が難しくても、ICカードを活用すればバスを利用できる時代になっている。

　また、買い物など各種支払いの場面やスマートフォンなどの通信技術の発展など、ICT機器を活用した社会インフラが発展し、障害のある人も活用しやすいようになってきている。このような社会の変化を活かし、子供たちの社会参加の推進と向上を目指すため、学校においてもICT機器の活用が必要であり、本実践においてもその活用により学習効果を高められることが分かった。

第2部 実践編

39 高等部　作業学習

タブレット端末を活用した振り返り活動の充実

北海道釧路鶴野支援学校　教諭　**佐藤　尊**

教科・領域名	作業学習
対象学部・学年	高等部環境・流通サポート科第1学年
単元名・題材名	「ポリッシャー作業」

使用機器及びアプリの名称とその特長

iPad（録画機能）	録画してその場で自分の作業時の様子を振り返ることができる。

使用機器及びアプリの選定理由

　環境・流通サポート科1学年の生徒8名は、入学前に知的障害の診断を受けているが、言葉でのコミュニケーションが可能である。毎時間の授業では、言語の指示や説明に加えて、写真や文字カードなどの視覚的情報を用いている。作業内容は、清掃作業や事務作業が中心で清掃作業には、教師が3名入り、生徒は2～3名のグループに分かれて作業を行っている。清掃作業で使用する道具などについて教師が説明をし、繰り返し取り組むことで、ある程度正しく作業ができる生徒が多い。しかし、道具の細かな動かし方や体の使い方などの改善を要する点には、教師の説明だけでは理解できないことも多いため、iPadの録画機能を用いて生徒が相互の作業の様子を撮影した後、動画を再生しながら説明を行うこととした。

作業の様子

振り返り活動の様子

1．指導の内容

（1）ねらい
作業時の自分の課題を改善することができる。

（2）指導期間
全8時間

（3）指導人数
環境・流通サポート科　8名

（4）展開

時間	学習項目	学習活動	指導上の留意点
20分	・集合 ・ミーティング ・今日の学習	・環境流通実習室Bへ集合する。 ・挨拶をする。 　①作業の流れの確認 　②技能検定の手順（枠の中） ・今日の目標を作る。	・日直がミーティングを行う。 ・スケジュールカードで確認する。
10分	①作業の流れの確認	・チェック表を記入する人、機械のコードを持つ人、iPadで撮影する人、ポリッシャーを操作する人に分かれて作業をすることを説明する。	・仲間同士で声をかけ合う際に、どんな声をかけたらよいか具体的に説明する。
20分	②技能検定の手順	・2グループに分かれて役割分担を決める話し合いを行う。 ・役割に分かれて作業を開始する。 　①ポリッシャーを操作する人 　②コードを持つ人 　③iPadで撮影する人 　④チェック表をつける人に分かれる。 ・*終わったらiPadを見ながら振り返る。改善点を生徒がチェック表に記入する。*	<配置図> ①：作業を行う生徒 ②：チェック表をつける生徒 ③：iPadを撮影する生徒 ・チェック表の「メモ」欄は、どうやったらよいかを生徒にとって分かりやすい言葉で書く。
15分	③ローテーション	・次の準備後、ローテーションして作業を始める。	・準備ができているか教師が確認する。
5分	片付け	・ポリッシャーを元の位置に戻す。	・片付け方法が正しいか確認する。
25分	日誌記入	・今日の目標に対する評価などを記入し、担当の教師に出す。	・教師は、生徒が作った目標などに対して評価をする。
5分	・振り返り	・今日の振り返りをする。	・今日の評価と次回の予定を確認する。
1分	・挨拶	・終わりの挨拶をする。	・日直が挨拶をする。

2．指導上の工夫

　iPadを活用するにあたり、作業の振り返り活動の充実を図るだけではなく、iPadを撮影する役割を生徒が担当することで、生徒が他者の動きへの注目、改善する点に生徒自身が気づくことができると考えた。

　また、同時に気をつけた点を記録させるためのチェック表を活用して、生徒が次に作業を行う前に自分の改善点を確認しやすくした。チェック表には、ポリッシャー作業で注意すべき点を項目ごとに記載している。「○」「△」で評価する欄や「メモ欄」を設けて、改善点を生徒にとって理解しやすい言葉で記入するようにした。チェック表の記入も生徒が行うようにし、作業後にチェック担当の生徒からの評価を行う場面を設定した。

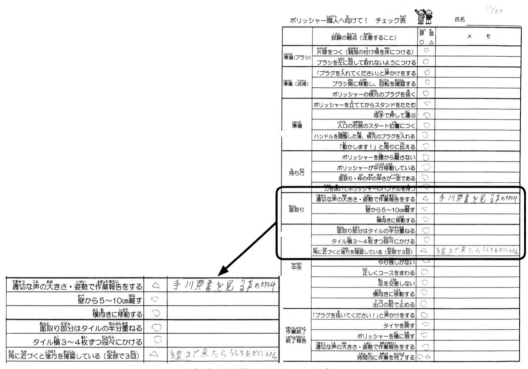

生徒が記録したチェック表

3．指導の効果

　今までの作業学習では、作業時の生徒の課題を改善する際、作業の途中で言葉かけをしたり、手をとって道具の使い方を指導したりしていた。しかし、言語による説明が理解できなかったり、途中で作業を止めてしまうことにより混乱したり、生徒によっては、"失敗した"という気持ちだけが強く残ってしまったりすることがあった。そこで、iPadで作業時の様子を録画し、終わった後に教師やグループの生徒と動画を見ながら振り返る活動を取り入れた。それによって、生徒が自分では気づきにくい部分を視覚的に振り返ることができるため、改善点を具体的に理解することができた。

さらに、教師が他の生徒に説明しているときに関心がもてない生徒も多かったが、生徒同士で撮影をし合うことにより、他の生徒の動きに注目し、生徒同士での教え合いにもつながった。動画を見て自己評価する時間だけではなく、グループ内の生徒から他者評価を受ける時間も設定することで、生徒がどのようにして改善していけばよいか生徒が自分で考えやすくなった。動画を見るだけでは理解しにくい箇所については、一時停止やスローモーションを使ったり、教師が手本を見せて動作を確認したりすることで、より理解が高まり自分の課題を改善できる生徒が増えた。撮影の仕方については、あとで作業の動作が確認しやすい角度を、作業前に生徒と確認してから撮影を始めるようにした。そうすることで、撮影する生徒がどの角度から撮ればよいか迷うことなく撮ることができるため、作業を行っている生徒の動作に集中することができた。チェック表を付ける生徒も項目に沿って評価していくため、道具や機械を使う際の注意点を意識して作業を見ることができた。作業後に他者からの評価を取り入れたことが理解を深めることにつながり、自分が作業を行う際に生かしていくことができた。視覚的教材の活用が有効な生徒にとって、iPadで撮影された動画は、自分の動きを理解する上で大変有効であった。繰り返し見ることのできる動画で繰り返し説明を加えることもでき、技術の習得にもつながった。改善点だけでなく、生徒が改善できた点も動画で確認できるため、自分ができるようになったことを実感することで、作業に臨む生徒に自信が出てきた。

4．今後の課題

　今回の指導において、iPadを活用し、視覚的な情報をもとにして振り返りを行うことで、自分の課題を改善できた生徒が多かった。また、生徒によっては、動画と合わせて道具や機械の使い方を教師が手本を見せることで、どのように体を動かしたら正しく道具を使えるかを理解することができていた。加えて、作業を行う生徒の課題を改善させるだけでなく、iPadを撮影する生徒やチェック表担当の生徒にとっても作業を行う際の注意点を確認できる活動になった。

　これまでも清掃作業でタブレット端末を活用してきたが、今回の単元で使った「ポリッシャー」という機械の操作が特に複雑であるため、撮影前に見るポイントや撮影する場所をあらかじめ確認したり、チェック表で気をつける点を意識させたりしておく必要があった。生徒の認知特性に合ったiPadの活用について今後も検討していきたい。

　さらに、撮影されることに抵抗感が強い生徒や、動画を見ても改善点が理解できない生徒にとっては、iPadの動画を活用した指導が難しかった。このような生徒に対しては、他の生徒の撮影の役割を任せながら指導のポイントを伝えたり、動く動画ではなく静止画で説明したりと工夫が必要である。iPadの機能をどのように活用していくか、生徒の実態把握と合わせて検討が必要である。

　今後も生徒理解を深め、対象生徒がiPadを活用することが効果的であるかどうかを的確に見取り、生徒が学習しやすい活用の仕方を模索してきたい。

監修・編集委員一覧

監　修

　　金森　克浩　　　　国立特別支援教育総合研究所情報・支援部総括研究員

編集委員

　　村野　一臣　　　　全国特別支援学校知的障害教育校長会会長
　　　　　　　　　　　東京都立町田の丘学園校長

　　荒川　早月　　　　全国特別支援学校知的障害教育校長会事務局
　　　　　　　　　　　東京都立高島特別支援学校長

　　田邊　陽一郎　　　全国特別支援学校知的障害教育校長会事務局
　　　　　　　　　　　東京都立水元特別支援学校長

　　松浦　隆太郎　　　全国特別支援学校知的障害教育校長会事務局
　　　　　　　　　　　東京都杉並区立済美養護学校長

　　　　　　　　　　　　　　　　　（敬称略、所属・役職は平成28年11月現在）

〈平成27年度〉
　　桑山　一也　　　　全国特別支援学校知的障害教育校長会事務局
　　　　　　　　　　　東京都立王子第二特別支援学校長

執筆者一覧

はじめに
村野　一臣　　全国特別支援学校知的障害教育校長会　会長

第1部　理論編
金森　克浩　　国立特別支援教育総合研究所　情報・支援部　総括研究員
新谷　洋介　　国立特別支援教育総合研究所　情報・支援部　主任研究員

第2部　実践編
1　太田　鈴乃　　和歌山県立たちばな支援学校　教諭
2　近藤　友樹　　愛知県立みあい特別支援学校　教諭
3　大河原　みのり　群馬県立高崎特別支援学校　教諭
4　工藤　祐樹　　青森県立森田養護学校　教諭
5　山本　顕典　　滋賀大学教育学部附属特別支援学校　教諭
6　葛西　輝美　　秋田県立支援学校天王みどり学園　教諭
7　平澤　庄吾　　東京都立葛飾特別支援学校　主任教諭
8　髙橋　真吾　　東京都立石神井特別支援学校　教諭
　　海老沢　穣　　東京都立石神井特別支援学校　主任教諭
9　嶋村　武　　　熊本県立荒尾支援学校　主事
　　落合　恭子　　熊本県立荒尾支援学校　教諭
　　南條　佳奈　　熊本県立荒尾支援学校　講師
10　海老沢　穣　　東京都立石神井特別支援学校　主任教諭
　　髙橋　真吾　　東京都立石神井特別支援学校　教諭
11　河合　健太郎　愛知県立みあい特別支援学校　教諭
12　加藤　一恵　　東京都立調布特別支援学校　教諭
13　樋渡　峻　　　秋田県立支援学校天王みどり学園　教諭
14　大堀　明子　　神奈川県横浜市立日野中央高等特別支援学校　教諭
15　加納　稚子　　静岡県立清水特別支援学校　教諭
16　前川　哲昭　　石川県立明和特別支援学校　教諭
17　齋藤　大地　　東京学芸大学附属特別支援学校　教諭

18	小松 大介	茨城大学教育学部附属特別支援学校　教諭	
	廣木 聡	茨城大学教育学部附属特別支援学校　教諭	
19	大久保 哲綱也	長野県上田養護学校　教諭	
20	簑手 章吾	東京都杉並区立済美養護学校　主任教諭	
21	田端 允	宮崎県立延岡しろやま支援学校　教諭	
22	近藤 友樹	愛知県立みあい特別支援学校　教諭	
23	松元 泰英	鹿児島県立桜丘養護学校　教諭	
24	小田 祐輔	愛知県立みあい特別支援学校　教諭	
25	平澤 庄吾	東京都立葛飾特別支援学校　主任教諭	
26	中川 宣子	京都教育大学附属特別支援学校　教諭	
27	須藤 千代子	青森県立森田養護学校　教諭	
28	相田 真	愛知県立半田特別支援学校　教諭	
29	山田 恵太郎	愛知県立三好特別支援学校　教諭	
30	中村 雄祐	福井県立奥越特別支援学校　教諭	
31	四元 ひろみ	岐阜県立東濃特別支援学校　養護教諭	
32	宮本 和輝	石川県立明和特別支援学校　教諭	
33	中田 智寛	東京都立石神井特別支援学校　主任教諭	
34	相田 真	愛知県立半田特別支援学校　教諭	
35	田中 紀彦	福島県立相馬養護学校　教諭（小学部学部主事・情報教育係）	
36	佐野 敏孝	東京都杉並区立済美養護学校　主任教諭	
37	太田 亜由美	岐阜県立東濃特別支援学校　教諭	
38	後藤 匡敬	熊本大学教育学部附属特別支援学校　教諭	
39	佐藤 尊	北海道釧路鶴野支援学校　教諭	

（敬称略、所属・役職は平成28年3月現在）

表紙デザイン　宇都宮　政一

知的障害特別支援学校のICTを活用した授業づくり

2016年11月7日　第1版第1刷発行
2022年1月14日　第1版第4刷発行
2024年2月3日　オンデマンド版

監　　修　金森　克浩
編　　著　全国特別支援学校知的障害教育校長会
発 行 人　加藤　勝博
発 行 所　株式会社ジアース教育新社
　　　　　〒101-0054　東京都千代田区神田錦町1-23 宗保第2ビル
　　　　　TEL 03-5282-7183

印刷・製本　シナノ印刷株式会社
○定価は表紙に表示してあります。
○乱丁・落丁は取り替えいたします。

Printed in Japan
ISBN978-4-86371-387-1